베란다 정원의

철학

베란다 정원의

철학

윤혜린 지음

글빛

베란다 정원의 철학

펴낸날 | 1판 1쇄 2008년 4월 20일
지은이 | 윤혜린
펴낸이 | 최민숙
펴낸곳 | 이화여자대학교출판부
등록 | 1954년 7월 6일 제 9-61호
주소 | 서울특별시 서대문구 대현동 11-1(우 120-750)
전화 | 편집팀 02-3277-2965, 2966
업무팀 02-3277-3164, 02-362-6076
팩스 | 02-312-4312
전자우편 | press@ewha.ac.kr
인터넷서점 | www.ewhapress.com
디자인 | 정경숙
찍은곳 | (주)영림인쇄

ISBN 978-89-7300-787-5 03100
값 10,000원

* 잘못된 책은 바꾸어 드립니다.

其心如玉의 모습으로
살아오신
어머니께 바칩니다

서문

저는 이화여자대학교 한국여성연구원 연구교수이자 연구원 2대 농부로 활약중입니다. 그간 연구원 화단과 그 주변의 몇 뼘 안 되는 땅을 텃밭으로 만들어 고추 · 토마토 · 콩, 각종 쌈 채소 등을 키워 본 경험이 있습니다. 지난해에는 방울토마토와 일반 토마토 모종을 심어 쏠쏠한 재미를 봤습니다. 또 조롱박 씨를 종이컵에 파종하여 싹 나기만을 기다렸던 설레임도 추억으로 간직하고 있습니다.

오늘에야 세어 보니 저희 집 베란다에 올망졸망한 화분이 100개가 좀 넘네요. 화초의 종으로 치면 50여 종이고요. 이 식물들과 대화를 나누는 시공간에서 저는 참으로 충만하고 평온한 사람으로 돌아갑니다. 세상도 따뜻하고 긍정적인 시선으로 바라보게 되고요.

제가 30대에 대학원 철학과 과정을 다시 밟을 수 있었던 것은 저를 '노학생 언니'라고 부르시며 애정어린 격려를 해주신 은사님이 계셨기 때문입니다. "늦지 않았다"고 격려해 주신 어머니가 계셨기 때문입니다. 박사학위까지 끝낼 수 있었던 것은 공부가 힘들어 중도에 포기하고자 했을 때 "2학기 하고 그만 두는 게 네 전공이냐"라고 질책했던 오랜 친구가 옆에 있었기 때문입니다. 학부 시절부터 저를 봐온 구내의 단골 구두수선집 아저씨가 "학생, 참 학교 오래 다니네"라고 고개를 갸우뚱거려도 저는 괜찮았습니다. 그 때의 학생이 지금은 선생이 되어 그 학교에 여태 다니고 있습니다. 철학하는 일에 자신이 없지만, 그것이 본인이 하고 싶은 일이라면, 잘할 때까지 계속 정진해야 한다는 생각 속에서 제게 시간을 주고 있습니다.

모가 빨리 자라기를 바란다고 해서 쑥 뽑아올리면 훤칠해진 키에 순간적으로 만족할지 모르지만 곧 시들어 버리겠지요. 나무의 나이테는 쑥 잘 커간 시기와 성장이 멈춘 듯한 시기를 보여줍니다. 까맣게 둘러쳐진 그 금은 실은 정지가 아니고 다음 단계를 위해 숨을 고르느라 그렇게 된 것입니다. 사람도 거침없이 커갈 때와 단단히 다져질 때 두 시기를 관통하면서 살아갑니다.

중국의 명차인 보이차는 할아버지 · 할머니 때 차잎을

땅에 묻고 발효시켜 손주 · 손녀 대에 파서 끓여 먹는다고 합니다. 나무를 심는 사람들, 생명체를 키우는 사람들이 멀리 보면서 동시에 오늘의 일과를 충실히 마칠 때 후속 세대에게 좋은 토양이 될 것이라 생각합니다.

제가 에너지를 나누는 사람들은 학부생에서 대학원생, 평생교육원 수강자들에 이르기까지 연령층과 관심, 동기, 취향, 세계관에서 다종다양합니다. 학생 집단이 균질적이지 않다는 것은 제게 큰 도전이 됩니다.

사회 비판 의식이 첨예한 학생들의 순수주의와 근원적 물음에서 자극을 받습니다. 여전히 약육강식의 사회라면 인류의 역사는 무엇이 진보한 것인가에 대해 함께 고민하게 됩니다. 또 한편으로 그네들은 발랄한 모습들도 갖고 있어서 '쉽고, 재밌고, 유익한' 삼박자가 고루 갖춰진 강의를 조릅니다. 갈수록 강의가 부담스러워지는 이유입니다.

조금 노련해진 대학원생들은 학문을 업으로 할 수 있겠는가를 고민합니다. 지식 생산의 양과 속도 면에서 엄청나게 변화하고 있는 현실 세계를 횡단하면서 자생력 있는 학문 연구자가 될 수 있는 길을 제시할 과제를 받습니다.

특히 지난 10년 동안 평생교육원에서 만났던 분들은 논리적 글쓰기와 철학적 사유의 방법에 대한 절절한 필요성과 욕구를 표출했습니다. 이분들은 “공부에 때가 있는 것이 아니고, 내가 원할 때가 그때이다”라는 것을 몸소 증거해 주고 있습니다. 늦깎이 철학도들인 이 분들께도 역할 모델이 되었으면 좋겠다는 것이 제 소망입니다.

저는 철학의 언어를 여러 교육 현장의 특성에 맞게끔 맞춤식으로 구사할 수 있으면 좋은 효과를 거둘 수 있다고 보고 그 첫 번째 작업으로 ‘사람들의 일상 세계에서 움터 나올 수 있는 철학적 사유’를 구성해 보았습니다. 철학 전공자들끼리, ‘자기들만의 리그’에서 벗어날 것을 지향하면서 새로운 글쓰기를 시도해 보았습니다.

사람들이 철학함의 맛을 알고 그 매혹에 물들어, 평생 철학하는 정신으로 살아갔으면 하고 소망합니다. 그런 사람들의 네트워크가 만들어지고 동심원을 그리며 번져 나갈 때, 혹은 철학자의 영향력이 민들레 홀씨처럼 멀리멀리 퍼져나가 또 다른 철학자들을 재생산할 때 우리 사회의 풍경이 아름다워질 것입니다.

차례

결핍인가 자족인가

식물과 더불어 사람의 길을 내다

서막 : 이름 붙이기

2005년 봄이 시작될 무렵 베란다 한 켠에서 사건이 만들어지고 있었다. 그보다 6년 전쯤 아파트로 이사왔을 때 지인이 보내준 심비디움이 있었는데 신장개업 기념으로 또는 집들이 때 들고 가는, 크고 화려한 꽃송이가 인상적인 그런 양란이다. 예외적으로 주인이 대단한 정성을 기울이지 않는 한 많은 경우에 탐스러운 꽃봉오리를 다음 해에도 보기는 어렵다고들 한다. 게다가 본인이 게으른 탓에 한구석에 방치해 놓고 물도 가끔씩 생각날 때 주다 말다 하여 꽃은커녕 근근히 목숨을 부지해 가기도 힘겨웠을 터였다. 그런데 어느 날 소리소문 없이 서너 개의 꽃송이가 피어나 있음을 목격하였고 이어서 계속 피더니 근 열여섯 개 정도가 되어 이른 봄철 한두 달을 화사하게 만들어 주었다.

나는 기쁨이라기보다는 충격을 받았다. '대기만성'이란 사자성어가 떠올랐다. 내가 미인이 아니니 박명할 걱정

없었고, 천재가 아니니 요절수도 피하리라 믿었지만 그것으로 족한 것은 아니었다. 여전히 삶의 숙제를 다 못해서 항상 미진한 느낌을 떨쳐 버리지 못하던 때였다. 나뿐만 아니라 세상 안에서 뭔가 자기다운 성취를 이루지 못하고 오늘이 어제인 양 내일이 오늘인 양 살아가는 사람들에게 '대기만성'은 위로와 격려의 메시지였다. "아, 내게 그 카드가 남아 있었구나" 생각하니 안도도 되고 기대도 되었다.

시간이 흘러가는 것에 둔감한, 혹은 빨리 가지 않아 애태우는 젊은 시절과 시간 가는 것이 손에 만져지는 중년기는 확연히 차이가 난다. 그래서 가끔 농담으로 2, 30대는 시간이 월-화-수-목-금 이렇게 가는데 중년이 되면 월-월-월-월-월로 간다고 하지 않는가. 혹은 세대에 따라 시간이 2배속, 3배속, 4배속……으로 흐른다고도 하지 않는가. 예전엔 3년짜리 적금을 어떻게 들까 그런 마음이었다면 이젠 7년짜리도 거뜬히 들 수 있는 내공이 쌓이는 그런 때 내가 발견한 심비디움의 모습은 하나의 사건이었다. 그 순간에 내 방식에 따르는 화초 기르기의 불이 지펴진 것이고, 발화 지점은 베란다였다.

나는 그 화초에 '대기만성'이란 이름을 붙이고 내 삶으로 끌어들였다. 서로의 삶을 지켜봐 주는 동행으로 관계맺고 싶었다. 내가 그냥 사람인 것과 고유명사를 갖는 개체로서 나는 다르다. 양란 역시 마찬가지다. 종이나 속의 이름으로서 양란 심비디움과 베란다 귀퉁이에서 말없이 작은 기적을 실현해 내고 내게 와 의미가 된 그 꽃은 다르다.

사람들은 식물을 보면서 나무 이름을 대거나 꽃의 이름을 댈 수 있으면 웬만큼 안다고 생각한다. "이것은 '은사철'이고요 저것은 '오색 기린초'예요"라고 하면 평균 수준 이상으로 화초에 조예가 있다고 생각한다. 그러나 앎을 떠나서 개체로서의 역사와 특징과 개성을 갖는 식물과 소통하기 위해서는 이름 붙이기가 필요하다. 우리가 서로를 소개할 때 "인간입니다"라고 하지 않는데 집의 화초를 친구에게 소개하면서 '치자나무', '천리향' 이렇게 말하는 것은 좀 그렇지 않은가?

애완 동물 혹은 반려 동물에게는 보통 이름이 있다. 어떤 친구는 집에서 키우는 진돗개 '백설이'가 새끼를 여섯 마리 낳았는데 이름을 짓지 않았다고 한다. 누군가에게 분양할 예정인데 이름을 부르기 시작하면 떼어 놓을 수가 없기 때문이란다. 명명은 한 식구가 되었음을 명백히 드러내

주는 사건이다.

우리가 개나 고양이를 키워가면서 그 삶에 동반하기 시작한 경험의 역사가 축적되면 개나 고양이 일반으로 인식하는 것이 아니라 개체로서 '천둥이' 나 '영희'와 관계를 맺게 된다. 이름은 이렇듯 개체로서 나와 다른 생명체를 연결시켜 주는 소중한 그 무엇이다.

인간의 경우는 어떤가. 우리가 종으로서 '인간'을 발언하는 경우는 "저 인간이 나한테 어찌 그럴 수 있어"라든가 "이 인간아. 정신 차려" 등등 좋지 않은 함축이 담겨 있다. 또 우리가 영이엄마 · 윤선생 · 이부장 · 강팀장 식으로만 불리면서 내 이름으로 불러주는 사람들이 어느 샌가 없어지기 시작할 때 나의 친밀한 인간관계가 가난해지는 것은 아닐까? 우리가 컴퓨터라면, 이동통신이라면 1세대, 2세대, 3세대……로 불릴 것이다. 거기는 성능의 업그레이드가 중요한 세상이니까. 우리가 007이라면 005, 009로 불릴 다른 정체들과의 차별성을 드러내는 것은 한갓 숫자가 될 테니까.

오래 전 영화인 「늑대와 춤을」에서 만났던 그 이름들, 즉 '주먹쥐고 일어서', '새 걷어차기', '머리에 부는 바람' 등은 내겐 하나의 문화적 충격이었다. 그 이름들에는 세계관이 들어 있었고 한 개인의 고뇌와 성취, 성향과 행동 특징들이 담겨 있었다. 이름은 호칭 이상의 기능이 있다는, 혹은 기능이라고 불릴 수만은 없는 존재론적 무게를 담지하는 어떤 것이라는 깨달음을 주었다.

"사람은 죽어서 이름을 남긴다"는 속담도 그 이름을 지녔던 사람이 평생 노력하고 성취한 어떤 부분들이 후대에 기록으로 기억으로 전승되고 이 우주 안의 정보 도서관에 들어가게 된다는 뜻으로 해석할 수 있다. 자기 분야에서 일찍 이름을 떨친 사람들은 그 이름에 부끄럽지 않게 정진해야 할 것이다. 호가 아직 나지 않은 사람들에게는 또 대기만성의 기회가 있을 터이니 조바심낼 필요는 없으리라.

그리하여 나는 식물을 키우면서 대상이나 사물과 맺는 관계가 아닌 개성과 주체성을 갖는 타 생명체의 세계로 들어가고 싶다면 이름 붙이기부터 시작하자고 제안한다. 어떤 분이 '산세베리아'면 산세베리아지 무슨 개성이 있느냐고 반문한다면 같은 화분을 두 개 키워 보라고 권하고 싶다. 그러면 화초가 커나가는 모양 · 색깔 · 크기 등등이 다 다르다는 것을 알 수 있다. 개체로서의 산세(산세베리아의 준말로 흔히 쓰임)가 자신의 타고난 속성과 더불어 환경과의 상호작용을 통해서 개성화되는 것을 확인할 수 있다.

우리 집 베란다의 내 친구들을 잠깐 소개해 보자. '대기만성' 다음으로 이름을 지었던 것은 '세상을 향한 끝없는 호기심'이다. 붉은 꽃이 피는 제라늄 종류인데 어찌나 목을 빼고 세상 구경에 열심인지 흔히 보는 제라늄보다 키가 두 배 정도 된다. 그 다음은 우리 집 '군녀'이다. "군자는 대로행"이란 말을 들으면서 그럼 군녀는 어디로 가야 하는 것일까라는 내 십대의 문제의식을 반영한 이름이다. 지금 우리 군녀는 해마나 태어나는 새끼들을 겹겹이 품에 안은 가모장 행세를 하고 있다. 윤도화라는 이름의 석화는 '사막의 장미'라는 별칭으로 모자랄 정도로 어찌나 도도하고 요염한 도화기를 품고 있는지 내가 닮고 싶어 성씨를 따서 그렇게 지었다. 그리고 개운죽 억센 가지들 틈새에서 시달리다 초보 외과의의 수술로 구사일생으로 살아난 새싹은 '기도'라고 부르고 있다.

내 화초 친구들 가운데 아직 이름을 갖지 못한 것들도 많다. 이름 붙이기는 생각보다 어려운 작업이다. 적절하게 딱 이거다 싶은 느낌이 내게 오는 순간까지 시간의 뜸을 들이는 것도 괜찮을 성싶다.

베란다는 세계의 창이다

'만복이 넝쿨째' 에서 시작한 네트워킹

물주기 3년, 분갈이 3년, 제자리 찾기 3년

베란다는 세계의 창이다

내 사랑은 편파적이다

자기만의 영혼 공간

식물에 대한 기억을 끌어올리다

'만복이 넝쿨째' 에서 시작한 네트워킹

나는 개의치 않았다.
스킨은 값도 싸고 흔한 것이라 사람들은 내가 이 사건에
얼마나 흥분하고 있는지 몰랐던 것이리라.

요즘 우리 사회에서 핵심으로 떠오른 단어 중의 하나가 '네트워크'가 아닐까 한다. 어떤 종류의 의도나 동기에 의해서건 다른 사람의 자원들과 결합하지 않고서는 사회적 생존을 이루어낼 수 없는 사회가 되었기 때문일 것이다. "no network, no idea"라는 말처럼 이제는 독불장군의 시대가 가고 개인들간의 소통과 연합을 통한 새로운 도모의 시대가 온 것이다. 유유상종 식으로 관심과 취향이 비슷한 사람들간의 비교적 소수인 지연(志緣) 모임에서부터 지연(地緣)·학연 등의 전통적 인맥 구조 그리고 웹 기반의 글로벌 정보 네트워크까지 네트워크의 규모와 성격은 매우 다르다.

사회적 연결망에 대해서 조사해 보니 한국 사회는 서너 명만 거치면 다 알고, 미국 사회는 대여섯 명만 거치면 다 안다 한다. 나에서 시작해서 가까운 지인으로, 또 그 사람의 지인으로 몇 다리만 건너면 그 누구와도 곧장 연결될 수 있으니 세상은 참으로 넓고도 좁다.

나의 특이한 네트워킹을 이제 말해 보자. 재재작년 여름 학교 도서관에서 나는 예기치 않은 광경을 보았다. 인턴십으로 도서관 업무를 지원하던 학생인 듯한데 그 친구가 품안 가득히 스킨답서스(보통 줄여서 스킨이라고 함) 넝쿨을 안고 어디론가 가는 중이었다. 자세히 물어보니 줄기들이 너무 많이 자라서 정리해서 버리는 중이라는 것이다. 스킨은 스파트 필럼과 함께 우리 도서관 곳곳의 공기 정화와 환경 미화를 담당하는 식물이다. 그 기회를 어찌 놓칠 수 있을쏜가. 호박이 넝쿨째 굴러들어온다는 말이 있지만 내게는 복이 넝쿨째 안겨지는 듯한 벅찬 순간이었다. 흥부가 박을 탔을 때도 그랬을까. 나는 그곳 책임자에게 그 줄기들을 가져가도 된다는 허락을 받았다. 화장실 청소용인 듯한 100리터들이 노란 봉투에 담았더니 반 이상 찼는데 그 친구가 "저기에도 그만큼 더 있어요"라고 하는 바람에 마저 담다 보니 꼭꼭 눌러야 겨우 갈무리할 수 있는 정도가 되어 버렸다.

일터로 돌아오니 그걸 다 뭐에다 쓰려고 애써 가져왔는지 걱정하는 눈빛들이다. 집에서 키우고 싶은 분들께 일차로 정리해서 나누어 주었지만 노란 봉투의 무게는 별로 줄지가 않았다. 나는 개의치 않았다. 스킨은 값도 싸고 흔한 것이라 사람들은 내가 이 사건에 얼마나 흥분하고 있는지 몰랐던 것이리라.

그 다음이 어떻게 진행될지 진정 몰랐던 것은 나였다. 집에 돌아와 시든 잎들을 정리하고 줄기마다 뿌리가 내릴 지점별로 하나씩 하나씩 가위질을 해서 물그릇에 담는데 담아도 담아도 끝이 안 났다. 내 세간 살림이 다 나오고 가위질에 손 마디마디가 벌겋게 변할 즈음에야 그 일을 마감할 수 있었는데 그 때는 이미 오밤중을 지나 새벽이 시작될 시각이었다.

몇 시간 눈 붙이고 일어나 보니 또 다른 광경이 펼쳐지고 있었다. 거실이며 부엌이며 공부방이며 그것들이 놓여 있어 발 디딜 틈이 없었던 것은 어제 이미 기함한 일이니 그렇다 치고 그 사이 물을 흠뻑 먹은 잎들이 그릇들마다 창창하게 아우성들이었다. 이 일을 어찌해야 하나. 도저히 혼자서는 감당할 수 없는 노릇이었다. '만복이 넝쿨째'라는 이름도 이미 지어준 마당인데 어떻게 해야 하는가.

그때부터 나는 집에 오는 지인들에게 또 내가 나가는 모임에서 스킨들을 나누어 주기 시작했는데 물꽂이용으로, 또 일반 화분용으로, 걸이용 화분용으로 다양하게 자기 집을 찾아갔다. 지금까지 스킨으로 인한 줄줄이사탕 네트워크에 몸을 연결하게 된 사람이 30명을 넘었다. 햇수로 4년째지만 아직도 그 일이 끝나지 않았다. 그 사이에 스킨들은 성장하고 새끼치면서 활발한 재생산을 하고 있었으니까. 베란다는 물론 컴퓨터 책상 위에도 식탁 위에도 여전히 '만복이 넝쿨째' 가족들이 자리잡고 있다. 집에 놀러온 친구들이 공부는 어디에서 하냐고 물으면 내 대신 재네들이 해서 나에게 가르쳐 준다고 객쩍은 소리를 한다.

그것과 함께 나의 '천수관음' 역시 서너 집의 새 식구가 되었다. 학교에서 해마다 하는 식목의 날 기념 화초 장터에서 진짜 조그마한 홍콩야자를 1,000원인가 2,000원인가 주고 사왔는데 새 줄기를 내면서 잘 자라고 게다가 줄기를 잘라 물꽂이나 삽목을 하면 잘 살아남는다. 또 모체는 모체대로 기둥이 굵어져서 4년 정도 된 지금은 꼭 분재처럼 다부진 형체를 갖고 있다. 다른 집으로 입양되어 간 친구들은 천수관음의 1.5세대라고 볼 수 있겠다.

왜 '천수관음'인가 하면 손바닥처럼 생긴 잎 모양에다 다른 집에서 자라고 있을 손까지 쳐서 도합 천 개의 손이 될 때까지 잘 성장하고 퍼져 가라는 마음을 담아 그렇게 지었다. 우리 집 홍콩야자와 친구들 집의 홍콩야자가 만나야 비로소 '천수관음'으로 되어 갈 것이니 '천수관음'은 한 집의 한 식물이 독점적으로 소유할 수 있는 이름이 아니다. 손바닥 하나하나에 눈이 있어서 모든 사람의 괴로움을 그 눈으로 보면서 그 손으로 구원한다는 천수관음은 지혜와 자비의 상징이니 함께 기운을 나누면 좋을 것 같다.

'천수관음'의 손을 자세히 들여다보면 재미있다. 어떤 손은 손가락이 여섯 개고 또 어떤 것은 일곱 개, 여덟 개 식으로 들쭉날쭉 차이가 많다. 손가락의 개수가 몇 개여야 정상이고 그렇지 않으면 장애라고 판별하는 인간 세상의 기준을 여기에 적용하기는 어렵지만 그 기준이 얼마나 편협한 것인지를 묻게 한다. 나도 친구들도 합체 천수관음처럼 되려면 마음의 장애부터 넘어설 일이다.

내가 입양시킨 그들은 어떻게 되었을까를 생각하다 보면 그 집에서 잘 돌봐주고 있을 사람들이 함께 생각난다. 이것은 식물을 나눈 사람들의 네트워킹이다. "인맥이 돈맥이다"라고 하지만 그것으로 경제적인 이득을 취하고자 하는 네트워크가 아니다. 내 마음이 저절로 가서 그리 하고 싶은 것이기에 아득바득 긴장하고 잘 관리해야 할 그런 네트워크가 아니다. '만복이 넝쿨째'와 '천수관음'이 눈에 띄지 않게 맺어 주고 있는, 내가 신뢰하고 좋아하는 사람들의 명단일 뿐이다. 슬기-애라-영옥-인수-정자-혜정-영숙-정희-성희-미정-은이-효숙-혜련-인숙-정화-해웅-화선-미란-세서리아-지원-은영-정미-해리-정옥-삼혜-서영-진하-미연-정미-미연-미혜-또다른 영숙-재숙-또 다른 혜련.

내 어머니는 어느 핸가부터 딸에게 꽃을 보는 기쁨을 가지라고 어머니의 전공인 게발선인장 화분들을 하나씩 하나씩 계속 내다주신다. 어머니의 친한 친구에게, 동창에게 배달이 다 끝나가자 내 차례가 된 것이다. 화단 주위에 꽃이 별로 없게 되는 겨울의 문턱에서부터 화사하게 피어나는 붉은 별꽃들이 겨우내 끊이지 않는다. 어머니의 손덕과

정성이 깃든 화분들이 너무 많아지자 나는 이것들을 일터로 쉼터로 또 가져다 나른다.

예전에 모 재단에서 한 사람당 100인의 후원 릴레이를 한 적이 있었는데 바통을 넘겨 받고 기분 좋게 다른 이에게 바통을 넘겨주는 맛이 참 좋았다. 손과 손이 직접적으로 닿지는 않았지만 우리는 연결되어 있다는 느낌은 추상이 아니라 구체였고 가상이 아니라 실제였다. 마음이 연결되는 것은 몸이 연결되는 거나 진배없는 것이 아닐까?

마음의 능력은 참 묘해서 길을 걷는 그 발자국에서 연꽃이 피어나는 상상을 하는 순간 좋은 기운에 휩싸일 수 있다고 한다. 또 괴로움의 찌꺼기들이 마음에서 떠나지 않을 때는 발바닥을 통해 땅속 깊은 곳에 그것들을 파묻어 버린다는 의념을 두면 기운이 회복될 수 있다고 한다. 행선이라든가 기공 수련은 바로 무궁하여 다함이 없는 마음의 능력을 조금이나마 엿볼 수 있게 해주는 것이 아닐까?

어떤 이가 누군가를 잘 되라고 복 많이 받으라고 빌어주고, 하루하루의 안녕을 물어주고, 소식이 뜸할 때 궁금해한다면 그것의 실제적 효과가 명중하게 나타나는가 아닌가는 이미 부차적인 문제이다. 그저 그렇게 믿을 뿐이다.

나는 녹화되어 간다. 만복과 지혜와 자비가 식물들과 사람들의 네트워크 안에서 넘실거리기를 기원하는 마음 안에서 나는 싱그러워진다.

물주기 3년, 분갈이 3년, 제자리 찾기 3년

물주기도, 분갈이도, 제자리 찾기도
시간이 걸려서 터득하는 경험들이다.
많은 시행착오와 실험 끝에 적합한 환경이 마련된다.

화원에서 화초를 보고 그 모습에 반해서 사들고 들어올 때 마음은 무지개 색깔이라고 표현해야 할까? 무거운 화분을 뒤뚱뒤뚱 안고 오면서도 집안 어느 켠에서 빛을 내줄, 곧 다가올 그 시간을 예감하면 떨리기도 하고 흥분되기도 한다. 고운 꽃 색깔에 내 마음도 곱게 물들고, 화사한 꽃 자태에 나도 따라 밝아지고, 어쩌면 꽃보다 더 아련한 나무 새싹들을 보면서 내 마음에 물관이 생긴 듯 에너지가 위로위로 퍼올려진다.

사실 화원에서 보는 화초는 최고의 상품 가치를 위해 누군가가 애써 놓은 결과물이다. 집에서 조금 키우다 보면 성장 과정에서 모양은 곧 헝클어지고 형태는 산만해지기 쉽다. 또 꽃망울이 있는 경우도 아무리 장수해야 몇 달을 지속하기는 어렵다. 누군가에게 화초 선물이라도 하려고 베란다 화단을 아무리 들여다봐도 신통하지가 않다. 내게는 세월 속에서 나름의 역사와 느낌이 담겨 있는 소중한 것들이라고 해도 남에게 당장 외견상 매력적으로 느껴질 것인가에는 자신이 없다. 해가 바뀔수록 더욱 성숙하고 아름다워진 모습을 화초에게 기대하는 일은 애시당초 무망한 것일까?

사정이 그렇다 해도 소망하는 바 중 하나는 인간같이 무병장수까지는 아니더라도 내 집에 와서 기껏 고생만 하다가 삶을 마감하게 해서는 안 된다는 어떤 의미의 당위가 느껴지기에 방도를 나름대로 생각하게 된다.

우선 '물주기 3년'이란 말을 떠올리게 되는데, 화초 키우는 사람들간에 흔히 하는 말이다. 첫 해는 너무 많이 주어서 죽이고, 다음 해는 마음이 시들해져서 물을 잘 안 주어 죽이니 한 3년 정도 지나야 물주기를 제대로 할 수 있다는 것이다. 우리가 집착을 애정인 양 착각하면서 과잉으로 퍼부으면 식물도 사람도 견디기 어려운 일이다. 또 어느 순간

바빠져서 혹은 무심하여 정성을 쏟지 않으면 고사한다. 필요한 순간에 적당히 물을 주는 일은 세심한 관찰과 섬세한 관심이 기울여질 때 해결되는 과제이다.

"물은 며칠에 한 번 주나요"라고 흔히 질문하는데 편의상 산세는 한 달에 한두 번, 파키라는 일 주일에 한 번이라는 답을 누가 주더라도 주의할 바가 있다. 계절별로 다르고 그 식물이 놓인 환경에 따라 다르기 때문이다. 하여 전가의 보도처럼 "겉흙이 마를 때 충분히 주세요"라고들 하는데 이는 매우 유효한 지침이라고 생각한다. 그리고 식물별로 물주는 주기가 다르기 때문에 웬만큼 키우는 집에서는 날마다 어딘가에는 물을 주게 된다.

또 여행이라도 할라치면 미리 충분히 물을 주고 관리를 못해 주는 그 기간에 대한 대비를 해야 한다. 나는 5일 정도 집을 비울 일이 4년 새 몇 번 있었는데 여행 가방 내려놓자마자 뛰어들어가 내가 없는 동안 무사했는지를 보고서 안도의 한숨을 내쉬었다. 여름철이라면 이 친구들이 견딜 수 있는 날 수가 더 적어질 거고 겨울에는 많이 늘어날 것이지만 그래도 인내하는 데에는 한계가 있다. 그러니 장기적으로 집을 비운다면 친지에게 꼭 부탁해서 변고가 생기지 않게 해야 한다. 식물과의 관계 맺음을 위해 인간관계도 잘 챙겨야 하는 일이 생긴다.

그 다음 분갈이 3년에 대해 생각해 본다. 화초가 성장이 느리거나 뭔가 병약한 느낌이 들 때 분을 갈아엎어 보면 좋다. 흙 밖의 식물 상태는 분 안의 줄기 및 뿌리의 상태를 반영한다. 뿌리가 허약하거나 상해 있거나 심지어 부패해 갈 때 눈에 보이는 부분이 정상적일 리가 없다. 급진적이라는 뜻으로 흔히 '래디컬하다' 라고 말하는데 이는 원래 뿌리까지 내려가 본다는 의미라고 한다. 사물의 현상을 그 근원까지 추적해 봄으로써 진면목에 다다르게 되지만 손에 흙 묻히기 싫거나 혹은 무엇을 보게 될까 겁나서 회피한다면 식물과 동거하는 기쁨을 오래 간직하기 어렵다.

간혹 양심 불량한 상인이 가지 몇 개 그냥 꽂아놓고(엉터리 삽목의 경우) 멀쩡한 화초인 양 팔았는데 그것을 미처 알아채지 못하고 왜 우리 동백이 죽어가는 걸까, 왜 미즈 김 라일락이 저리 말라가는 걸까 하다가 뒤늦게 분을 뒤집어 보고 뿌리가 거의 없는 상태를 확인해야 했던 아픔이 떠오른다.

분에는 어떤 흙이 좋은가? 나는 선무당이 사람잡는 식

으로 많은 시행착오를 했던 것 같다. 경험이 짧은 시절에는 마사토가 물 빠짐에 좋을 것 같아 천리향 화분 안에 넣었다. 그때 우리 집을 방문한 친구에게 화초를 나누어 주면서 그런 식으로 분갈이를 해주기도 했다. 뭔가 문제가 생겼다는 느낌이 든 것은 거의 한 해가 다 지나갈 즈음이었다. 영양제도 잘 주고 물도 잘 주었는데 우리 천리향이 성장을 거의 멈춘 듯이 겨울이 아닌데도 동면을 하듯이 그냥 그렇게 있는 것이었다. 분을 엎어 보니 마사토와 뿌리가 서로 얽히고 마사토는 돌처럼 딱딱하게 굳어 있었다. 보기에 좋아 보였던 흙이 뿌리의 활착을 방해한 주범이었던 셈이다. 그뿐인가? 스킨을 물에 꽂아서 키우자 마음 먹고 눈이 즐거우라고 여러 색깔의 옥돌을 넣어두었는데 역시 몇 달 지나니 병든 잎이 하나둘 늘어가고 새 잎이 나오지 못하는 것을 보고 아차 싶었다. 화초는 장식품이 아니라 그저 생명체인 것을 절감한다. 흙은 뿌리가 순조롭게 잘 뻗어나갈 수 있도록 농원에서 만들어 놓은 흙을 큰 포대로 사서 쓰는 것이 제일 좋다는 생각이다.

아무래도 분갈이에서 많이 신경 쓰게 되는 것이 화분의 선택이다. 배보다 배꼽이 더 크다는 식으로 웬만한 식물보다 화분 값이 더 나간다. 그러나 비싸다고 꼭 좋은 화분은 아니다. 보통 공기가 잘 통할 수 있는 토분이나 옹기를 추천하지만 잘 깨지거나 너무 비싸거나 할 수 있으니 형편대로 하는 수밖에 없다. 분의 질보다 더 중요한 것이 분의 크기인 듯하다. 넉넉하게 자리잡아 주면 좋을 줄 알았는데 그것이 과습의 원인이 된다고 한다. 또 너무 꼭 끼는 분도 성장에 장애가 되니 제 분에 넘치지도 모자라지도 않는 크기가 제일 좋다.

마지막으로, 제자리 찾기 3년이다. 남향집이 사람에게 좋듯이 식물에게도 쾌적한 환경을 만들어 주어야 한다. 화초가 여러 종류다 보니 그 안에서도 자리다툼이 있기 마련이다. 어떤 녀석은 꼭 바람도 채광도 온도도 최적 상태일 것을 요구하는 욕심쟁이가 있고, 다소 빛이 약해도 잘 자라는 수말스러운 친구도 있고, 제자리에서 빛을 잘 못 받을 것 같으면 키라도 쑥쑥 올려서 최대한 빛을 받는 융통성 있는 종류도 있다. 나로서는 모든 친구들에게 다 최적의 조건을 제공해 줄 수 없으면 가능한 한 형평성 있게 또 필요에 따라 적절하게 자리를 배분하는 지혜를 발휘할 수밖에 없다.

식물 키우는 사람들의 어떤 사이트에서 거실 사방 천장

을 스킨으로 휘감아 돌린 엄청난 광경을 사진으로 구경하고 나서 아라비아자스민을 그렇게 해보려다가 거의 절반을 잃었다. 거실 벽은 아무나 타고 쑥쑥 자라는 게 아닌가 보았다. 그래서 베란다로 다시 옮겼더니 그제야 제 자리인 듯 잘 자라고 있다. 올해는 군녀의 꽃잔치가 늦어지는 것을 보고 원인을 생각해 보니 그 앞에서 자라나는 다른 친구들의 키에 빛을 많이 빼앗긴 것이 주요한 원인인 듯하여 아파트 재활용품 모아 놓은 곳을 뒤져서 찾아낸 플라스틱 박스로 키높이를 해주었다.

물주기도, 분갈이도, 제자리 찾기도 시간이 걸려서 터득하는 경험들이다. 많은 시행착오와 실험 끝에 적합한 환경이 마련된다. 초보자는 나이가 두세 살배기 되는 화초를 키우라고 권하는데 일리가 있는 말이다. 식물이 어릴수록 안정적인 성장세를 탈 때까지 더욱 예민하게 보살펴야 한다. 그렇지만 작은 분에 담긴 식물을 사와서 백일 지나고 돌 지나는 사이에 잔병치레 극복하고 쑥쑥 커가는 과정을 지켜보는 일도 또 하나의 기쁨이다.

한동안 나는 병든 부분 잘라내기, 가지치기, 화초의 몸 나누기 같은 일을 잘 못했다. 사람 같은 통증은 아니더라도, 진한 상실감은 아니더라도, 그 친구들이 뭔가 고통스러워하지 않을까 생각했던 것 같다. 하지만 지금은 아니다. 사람의 세포도 생성과 성장과 노화의 과정 안에 있어서 우리가 손톱 깎고 발톱 깎고, 머리 자르기 같은 일을 하는 것이고 필요한 경우에는 외과 수술도 받지 않는가? 우리집의 화초를 단지 미화를 위해서가 아니라, 값나가는 상품으로서의 단장을 위해서가 아니라, 하나의 작품으로 성장시키기 위해 그때그때 몸을 정리정돈해 주는 일은 나쁘지 않을 것이다. 그들이 여러 어려움을 딛고 스스로의 잠재력을 최대로 실현한 작품이 되는 길을 나는 함께 천천히 걷는다.

베란다는 세계의 창이다

일단 한 공간에 함께 있게 되었다면
내치기보다 조화를 이룰 수 있는
방안을 찾는 게 더 지혜로울 것 같다.

공간은 사람마다 다르게 체험된다. 같은 아파트 베란다라도 어떤 사람은 거실 확장을 위해 없애 버리기도 하고 공간 여유가 별로 없는 경우에는 세탁실로 이용하기도 한다. 내 경우는 식물들의 학교이다.

어떤 식물을 이곳에 들여놓는가의 문제에서 처음에는 병 없이 잘 크는 것 이상의 기준이 없는 것 같다. 그러다 보니 아파트 안에서 키우는 식물들이 여느 집 할 것 없이 대동소이하다. 거실에는 벤자민이나 파키라, 팔손이가 있고, 베란다에는 산세베리아, 싱고니움, 스파트 필럼이 있다. 근자에는 공기 정화 식물이라고 외국 어느 기관에서 추천하는 목록들이 추가되어 종류가 더욱 표준화되고 있는 형편이다. 글로벌 스탠더드의 또 다른 예라고나 할까. 물론 취향에 따라 각종 허브 종류를 키우거나 내 친구의 경우처럼 난 종류만을 고수하는 경우도 있고, 또 어떤 분은 화초보다는 야채를 재배하지만 대강 그렇다는 얘기다.

대체적으로 아파트 주거 공간이 따뜻해지다 보니 아열대 식물이 고향 떠나 여기까지 와서도 잘 견뎌주는 듯하다. 또 이국적인 취향에 대한 선호는 식물을 매개로 유럽으로, 중남미로, 아프리카로 펴져 가고 있다. '이주의 시대'라고 하는 지구적 삶의 변화가 베란다 식물에게서도 예외없이 목격된다.

과거에 우리는 농산물은 땅에서 재배되는 1차 산업이고 공산품은 공장에서 만드는 2차 산업이라고 배웠지만 지금의 농산물은 철과 관계없이 인위적 환경을 조성하여 마치 공장에서 찍어내듯 균질한 상품으로 만들어지고 있다. 게다가 머지않아 서울에서 바나나가 열릴 수 있지 않을까 혹은 남쪽에서는 벼 이모작도 가능하지 않을까라는 생각이 전혀 터무니없지 않을 정도로 지구촌의 기후 변화는 급속하고 그 조건에 덧붙여 시설 재배 기술의 발전은 또 다른 생육 환경을 만들어낸다.

화초 상품도 이렇듯 변화하는 세계의 와중에 있기에 이제는 원산지며 원품종이 지녔던 어떤 특성 등은 역사적 자료일 뿐 새로운 종자들이 속속 출현하여 다른 사회로 보급되어 가면서 식물들의 세계는 갈수록 다양해진다. 종의 다양성은 또 과학 기술과 동행하고 있다. 엑스레이를 쪼여서 돌연변이시키면 잎에 새로운 무늬나 색깔이 만들어진 변종들을 많이 얻을 수 있다고 하는데 사람들은 흔히 보는 것보다 특이한 것들을 선호하니 변종들의 몸값이 훨씬 더 비싸다. 골드 칼라를 입힌 식물들은 천정부지로 값이 솟는다.

내 경험으로는 색다른 무늬나 색깔이 들어가서 다채로워진 식물일수록 병에 약하거나 더 많은 보살핌을 필요로 하는 것 같다. 호야보다는 무늬호야가 더 빛에 민감하고, 산호수보다 무늬산호수가 더 까탈스럽다. 그냥 벤자민보다는 칼라벤자민이 더 연약하다. 새로운 정체성을 가진 종이 만들어지고 터를 잡는 과정은 그만큼 더 혹독한 것이 아닐까?

전에 제주에서 치자나무를 보고 놀랐던 기억이 떠오른다. 우리 집에서는 한 자 정도의 크기인데 서귀포 외돌괴

앞의 치자나무들은 두세 자 정도의 큰 몸집으로 당당히 서 있는데다가 꽃은 또 왜 그리 크던지 치자가 맞나 싶을 정도였다. "귤이 회수를 건너면 탱자가 된다"는 말을 소시적 어느 교과서 한 페이지에서 본 적이 있는데 정체성이란 그토록 부박한 것이었나 싶다.

아시아 나라를 몇 군데 가볼 기회가 있었는데 내가 키우고 있던 식물들이 더 큰 잎과 더 큰 꽃, 더 굵은 줄기와 기둥을 가졌을 뿐 똑같은 종류라는 사실이 공항에서 길거리에서 숙소 안에서 확인되었다. 태국 공항에 내려 출국 카운터로 가는 통로 주변에는 한국에서는 다소 비싸게 취급되는 호접란 종류들이 지천으로 피어 있었다. 타이베이에선 꽃기린이며 석화가 화분용 작은 집이 아니라 거리에서 위풍당당한 교목으로 살아가고 있었다. 교토 은각사 근처 동백은 어찌나 키가 크던지 나무 담을 만들고 있었다. 미얀마의 숙소에서 만난 스킨은 잎이 너무나 컸다. 그뿐인가. 지난번에 텔레비전 뉴스에서 중국의 전인대회장을 보니 단상 뒤편으로 군자란들이 화사한 꽃 병풍을 두르고 있었다.

고향 떠나와 한국 사회라는 새로운 터전에서 살게 된 아시아계 식물들이 이제 굉장히 많아진 지금 나는 문화적 정체성의 문제와 새롭게 씨름하게 된다. 이미 아파트 환경 자체가 어느 나라든 생활 문화를 비슷비슷하게 만들어 주는 기본 장치인 셈인데 서울에 있는 내 아파트 베란다 안에서까지 비슷비슷한 식물들을 마주 보아야 하는가라는 생각이 언제부터인가 들기 시작했다. 외국의 친구들이 혹시라도 놀러온다면 한국적인 것을 느끼게 해주고 싶은데 한국의 전통 정원을 갖기 어려운 내 형편에서라도 국적 있는 베란다 풍경을 보여주어야 하지 않겠는가. 아니면 굳이 한국적인 것이 아니더라도 나만의 좀더 개성적인 식물나라를 만들 수는 없을까에 생각이 미치게 된 것이다. 서울의 꽃이 개나리라고는 하나 개나리는 동네 어귀에 떼로 피어 있을 때 가장 개나리답다는 느낌을 주기에 개나리로 베란다 정원을 꾸리기는 좀 그랬다.

그래서 일이 년 사이에는 매화며 동백이며 서향 · 함소화 등을 들여놓게 되었는데 정작 알고 보니 얘네들도 원산지가 중국 혹은 동남아 일대라고 인터넷 자료에 올라와 있다. 우리 땅에서 오랜 기간 적응하여 눈에 익숙해져 재래종이라고 생각했던 것뿐이다. 20세기 들어 이민, 유학, 해외 취업, 국제 결혼 등으로 지구상의 인간 이동이 대대적으로 벌어지기 전부터 식물들은 공간 이동을 해왔으니 이주에서는 선배였구나라고 생각하니 웃음이 절로 났다.

맞아. 우리 땅에 고추가 전래되기 전에는 그냥 소금에 절인 침채밖에 없었고 일반 가정에서 매운 김치 맛을 보게 된 것은 불과 200년밖에 안 되었다는데 그 사이에 김치는 대표적인 한국의 음식이 되었으니 식물의 유래보다는 와서 무엇이 되는가가 더 중요하지 않은가 생각한다.

그런데도 안데스 산지로 알려진 감자의 원산지를 놓고 페루와 볼리비아가 싸운다는 소식을 들으면 아직도 원조 싸움이 여기저기에서 행해지는 것이 씁쓸하다. 아편전쟁 역시 식물들 사이에 인간이 끼어들어 치룬 전쟁일 뿐 앵초와 차가 무슨 죄였을까 싶다. 못 먹어본 야채와 양념 재료들로 근사한 식탁이 만들어지고 그리고 후식으로서 한 끼 식사를 완성해 줄 거리들을 서로 나누면 좀 좋은 일인가.

또 한편으로 내 베란다를 보면서 여기서는 공간의 텃세가 좀 없었으면 하고 바란다. 얘네들이 어떤 인연으로 고향을 떠나 낯설고 물선 여기까지 이주해 왔든지간에 일단 온 이상 잘 적응하고 이곳을 터전삼아 뿌리내릴 수 있도록 서로 함께 도우라고 말한다. 일단 한 공간에 함께 있게 되었다면 내치기보다 조화를 이룰 수 있는 방안을 찾는 게 더 지혜로울 것 같다. 그래서 화분이 하나 늘어나면 꼭 신신당부한다. 사이좋게 잘 지낼 수 있도록 햇수가 오래된 친구들이 좀 많이 도우라고 마음속으로 말한다. 일단은 거기까지가 내 몫일 뿐 그들간의 경쟁은 인간 사회와 마찬가지로 치열하다는 것을 나는 안다. 햇볕을 두고 벌이는 다툼만 해도 소리만 들리지 않을 뿐 그들간에는 전쟁이라는 것을 나는 안다. 협력과 경쟁은 인간사에서도 식물사에서도 공통된 원리이다.

오늘도 우리 아파트 식물들은 열심히 일하고 있다. 제각각의 물관으로 전기 자동펌프보다 더 큰 소리로 물을 위로 빨아 올리고 있으며, 각종 잎에서는 양분을 만들어 채관으로 열나게 바삐바삐 이동시켜 몸을 튼실하게 만들면서 다음 세대를 잇는 노력을 하고 있다. 아침에 게으름을 부리고 있는 나에게 이 친구들이 "당신도 빨리 나가 열심히 일하세요"라고 이구동성으로 야단치는 통에 오늘은 내가 쫓겨나왔다.

내 사랑은 편파적이다

내 사랑을 지키기 위한 응징은 바로 시작되어야 한다.
나중에 조금 있다가 하는 식으로 뭉그적거렸다간
실기한 시간 만큼 가슴 아픈 일들이 생기게 마련이다.

양손바닥을 경쾌하게 마주쳤는데 소리만 요란할 뿐 내가 고대하던 게 없다. 몇 번의 헛동작 끝에 겨우 한 건 한다. 보일락말락 손바닥 어느 언저리에 점으로 남은 그것은 몇 초 전만 해도 날아다니던 작은 벌레다. 눈이 보배라고 그래도 손뼉치기 실력을 내가 뽐낼 수 있는 것은 아직도 1.0 이하로 떨어진 적이 없는 시력 덕분이다.

예전에도 식물을 싫어하는 편이 아니었지만 벌레가 낄 때 제대로 대처를 못해서 자신있게 본격적으로 키우기가 힘들었다. 생선 요리를 좋아하는 사람이라 해도 손 안에 물컹하게 잡히는 그것들을 식재료로 다듬기는 얼마나 끔찍한 일인가. 함께 음식을 먹고 기뻐할 식구들이 아니라면 안 했을 그 짓들을 하게 되는 것은 사랑 때문이다. 마찬가지로 화초 키우는 취미를 갖게 되면 그냥 화초만 좋아해서 되는 것이 아니라 손수 벌레를 잡아줄 수 있을 정도로 거침없이 사랑하는 마음이 되어야 한다. 달콤한 치자향이나 감미로운 장미향은 나뿐만 아니라 진딧물에게도 너무나 유혹적이어서 그것들로 몸살을 앓거나 심지어 병들어 죽는다. 화학적인 방제를 할 수도 있지만 그건 내가 피하고 싶기에 남은 경우의 수는 직접 잡는 것이다. 그러다 보니 수작업으로 감당할 수 있는 범위를 넘어설 만큼 식물들의 수를 늘여서는 안 되므로 자연히 어떤 규모의 평형 상태에 이른다.

누가 벌레를 미물이라고 했는지 모르겠으나 내 경험상 그것들은 귀신이다. 사람으로 치면 겨드랑이나 손마디 사이, 살이 접히는 부분들, 그 연약한 곳만 귀신같이 골라 공략한다. 새싹이 움트는 곳곳마다 향기가 솔솔 피어나는 그늘마다 성장점마다 그것들은 잠복해 있고 거기에서 새끼치고 자기들의 제국을 건설한다. 이상하게 성장이 더디다 싶으면 100% 거기 눈에 안 띄는 잎 뒷면에, 가지 사이에 벌레들이 집을 짓고 있거나 유충을 번식시키고 있다. 사람도 겉만 봐서는 모르듯 겉으로 멀쩡하고 별일 없는 것 같아도 잎을 뒤집어보면 혹은 아래에서 위를 올려다보면 뭔가 눈에 들어온다. 새로 화초를 들여왔다고 좋아만 할 일이 아니라 이 녀석이 또 어떤 것들을 함께 묻혀 왔는지도 눈 부릅뜨고 검사해야 한다.

내 사랑을 지키기 위한 응징은 바로 시작되어야 한다. 나중에 조금 있다가 하는 식으로 뭉그적거렸다간 실기한 시간 만큼 가슴 아픈 일들이 생기게 마련이다. 그간 제명을 다하지 못하고 간 친구들은 사실 충해 때문이 아니라 나의 무지와 안일로 인한 인재를 당한 셈이라 생각하고 나는 결단을 내렸고 전략 전술을 정비했다. 우선 정확한 현실 파악부터 착수했다.

벌레 잡는 사람은 나 혼자지만 자기 세계를 넓히고 있는 그것들은 무리이다. 어른 몸을 구성하는 세포 수가 60조 개 정도고 몸 안에 사는 세균은 100~1,000조에 이르고 그 무게가 1kg에 달한다는 자료가 있는데 그것과 비슷한 형국이 나와 벌레 사이의 전력인 듯하다. 지금 당장 눈에 띄는 벌레가 깍지벌레, 응애, 진딧물, 실처럼 가늘고 작은 지네 정도라고 해도 내가 알아채지 못한 종류들은 훨씬 더 많을 터이다. 그러니 그것들의 합동 작전과 그 각각의 다산성을 따라가며 제압하려면 내 힘과 시간으로는 턱도 없다.

고심하고 궁리하여 생각해 낸 것이 알을 낳기 전에 풀풀 돌아다니는 성체 벌레를 잡는 일이다. 저것 한 마리가 얼마나 새끼를 칠까 생각하면 하나를 잡아도 일당 백인 셈이고 어쩌다 두세 마리 잡으면 정말 선방하는 것이다. 요새는 손뼉치고 나서 손바닥을 보지 않는다. 주변을 응시하면서 안 맞았거나 빗맞거나 하여 이미 내 손을 빠져나갔을 경우를 염두에 두고 곧이어 2차, 3차 손뼉치기에 들어간다. 이젠 이 작은 날벌레들도 점점 날쌘돌이가 되어 간다. 진화의 숨바꼭질이다.

잎 사이에 끼어 있는 벌레는 예전엔 작은 집게를 사용했지만 요사이는 도구를 바꾸었다. 이 잡다가 초가삼간 태우는 격으로 스텐 집게가 연한 잎들에 생채기를 남겨서 나중에 잎이 다 큰 다음에 보면 여기저기 온전하지 못한 모습이 되어 버렸다. 나무로 된 이쑤시개는 더 예리하게 벌레만 콕 터뜨릴 수 있어서 한참 애용하고 있다.

마지막으로는 마을의 안녕을 지키는 나무 조각처럼 청하각 선인장에 '장승'이라 칭하여 에어콘 냉각기 위에 우뚝

세워두고 특유의 냄새 때문에 벌레가 슬슬 기게 된다는 제라늄을 베란다 동서로 배치하였다. 그것들이 연합군이라면 나도 내 동맹을 꾸려야 하니까.

식물들의 유구한 생명력을 닮고 싶은 사람이 어찌 벌레들에게는 그리 무자비할 수 있는지 어쩌면 하나의 아이러니일지 모른다. 그 점이 고민이던 시절도 있었다. 그래서 비눗물 방제니 목초액 살포니 해보았지만 별로 도움이 되지 않았다. 어떤 날에는 천적을 이용하자는 아이디어가 떠올라 일터 주변 풀밭을 뒤지고 뒤져 무당벌레를 잡기도 했다. 인터넷 자료를 뒤져 더 알아보니 어떤 무당벌레는 식물에게 익충이 아니라 잎을 사근사근 갉아먹어 고사시킨다고 하길래 집에 가져가려고 갈무리해 둔 비닐 봉지를 버려야 했다. 베란다 화단에 벌 · 나비를 불러들이면 좋지 않을까 생각도 해보았지만 실천적으로 검증된 것이 아니었기에 마음을 비웠다.

벌레들의 공습이 행해질지라도 진정 강한 식물은 별 타격을 입지 않지만 더 약한 식물들은 표적이 되기 쉬운가 보다. 그리고 이제 새싹을 한참 올리면서 쑥쑥 크기에도 힘이 부치는 내 친구들을, 그리고 열심히 한창 잘 나가는 친구들을 괴롭히는 그것들에게 나는 화가 난다. 그래서 화를 내기로 했고, 다른 데 가서 알아보라고 내쫓았지만 들은 척도 하지 않길래 그냥 눈에 띄는 대로 제거하기로 했다.

예수님이나 부처님 같은 성인들은 보편적인 사랑의 실천을 말씀하시는 분들이므로 아마 나처럼 좁은 사랑에는 혀를 차실 것이다. 허나 팔이 안으로 굽고, 가까운 사람들에게 더 큰 애정과 관심이 가는 일을 어찌 소인배라고 할 것인가. 오히려 거창하게 인류애며 생명 사랑을 이야기하면서 작은 사랑을 돌보지 않고 가까운 관계에 책임을 지지 않는 것을 경계해야 하지 않을까? 비록 편파적인 관계 안에서라도 사랑은 간혹 발생하는 즐거움의 공유뿐만 아니라 날마다의 책임감과 보살핌을 동반해야 한다는 것을 나는 체험으로 인식하며 그러한 실천만으로도 힘겨워진다.

자기 집의 강아지를 사랑하는 사람이 사회적 약자의 고통에 둔감하리라고 보지 않는다. 자기 집의 식물을 사랑하는 사람이 타인의 얼굴에 드리워진 그늘에서 책임감을 느끼지 않으리라고 생각하지 않는다. 자기 아이를 진정으로 사랑하는 사람이 세상의 다른 아이들을 비정하게 대하리라고 상상할 수 없다. 확장적 사랑은 관념이 아니라 자연스러운 경로를 따라야 한다. 보편적 사랑은 물론 가치로운 지향점이지만 어떤 확고한 베이스캠프가 있을 때 동심원적으로 퍼져 나갈 수 있는 그런 것이 아닐까.

같은 생명체라고 해도 우리가 암세포를 환영할 수는 없다는 것, 같은 인간이라고 해도 내 사랑의 범위는 몇몇에게 한정된다는 것, 내가 어떤 이를 깊이 사랑하면 그 길을 통해 궁극에 달하게 된다는 것. 이것들이 신념으로 남아 있는 한 나의 손뼉치기는 계속될 것이다. 그러한 경험 속에서 우리는 먼지 한 알갱이에서도 우주의 광대무변한 모습을 만날 수 있고 식물 하나에서도 생명 나라의 경이를 체험할 수 있다고 보기에 내 사랑을 지키기 위한 짓들을 나는 계속 한다.

사람이건 식물이건 성장을 방해하는 조건이나 상태는 제거해야 한다. 잠재력을 끌어올려 자기를 실현하는 길에 놓인 장애물들은 가능하다면 치워 주어야 한다. 각자의 처지는 다르지만 그 자리에서 최선을 성취하는 것이 각각의 존재 이유라면 사회는, 공동체는 그러한 여건을 만들어 주기 위해 경쟁해야 한다. 생존 압력이 드세지고 있는 요즘 세태에서 힘 북돋우기의 경쟁이 아닌 승자가 독식하는 것을 정당화하는 경쟁만이 기승을 부리는 것에 화가 난다. 하지만 식물의 나라를 벌레의 나라로 바꾸려는 우리 집 베란다의 그것들이 공간의 독점을 포기하고 식물들과 적절히 공생하는 지혜를 갖게 될 날을 기원하는 마음으로 부처님 오신날에는 잠깐 손뼉치기를 쉴 것이다.

자기만의 영혼 공간

사람이 공간을 만들지만 공간 또한 사람을 만들어낸다.
공간이 우리의 내면을 얼마나
다양하게 조직하는지는 더 말할 필요도 없을 것이다.

우리 집 호야를 분갈이해서 큰 집으로 옮기고 뿌리가 달린 줄기 두셋은 따로 작은 화분에 제금내 주었다. 평수를 늘여 간 큰 호야는 그간의 갑갑함을 인내한 대가로 이제 마음껏 활개를 펴는 듯 안 그래도 무성한 잎들이 날로 커진다. 잘 키우면 꽃도 볼 수 있다던데 몇 년은 더 지켜볼 일이다. 얼떨결에 집이 생긴 작은 호야는 새로운 곳에 적응하느라 아직은 '독립 만세'의 기상이 느껴진다기보다 좀 고달픈 형색을 하고 있다.

자기 집을 가지고 있는 사람이라도 아이들 머리가 커가면 집을 늘여 이사가고 싶고, 남의 집에 세든 사람이라면 소박하게나마 자기 집을 갖고 싶은 마음은 누구나 마찬가지다. 공간의 정의가 실현되려면 사회는 공간의 독과점을 허용할 것이 아니라 공유할 수 있는 기반을 마련해야 한다. 모자라는 돈으로 집 구하러 여기저기 다니다가 밤에 아파트 이 집 저 집에서 새나오는 불빛을 보면서 저렇게 수많은 아파트 숲에 우리 가족이 거할 둥지는 왜 이다지도 구하기 어려운가 한숨이 절로 나게 해서는 안 된다.

어떤 사람은 투자 개념으로 또 어떤 사람은 주거 목적으로 마련한다지만 집이란 그것 말고도 또 다른 층위의 의미 공간을 갖는다. 즉 자유의 공간이고 꿈꾸는 곳이고 독립의 나라다.

딸이 중년이 되어가니 엄마 집이 아무리 좋다 한들 제 집보다는 불편함을 느끼는 것을 알아채시고 하룻밤 묵어가라는 말씀을 안 하신다. 그 대신 엄마는 "여우도 제 굴이 제일 편하다" 고 말씀하신다. 공간의 주권은 가까운 관계에서도 참으로 나누기 어려운 것, 양도할 수 없는 것이 아닐까 싶다. 그러니 단체로 여행이라도 갈라치면 잠자리가 언제나 문제여서 먹는 것은 싸게 먹어도 잠은 좋은 데서 여유있게 자야 한다는 지론을 갖는 것이 아닐까. 내 집에서는 화장실 문을 열어 둔 채 볼일을 봐도 누가 뭐라지 않아 편하다. 내 집에서는 내의 차림으로 돌아다녀도 아무도 의식하지 않아 좋다. 그러니 내 친구 누구는 만약 자기네 가정에 몰래카메라를 설치해서 그 테이프가 공개되면 남편의 사회생활은 그것으로 끝이라고 농담을 한다.

집에서 방으로 시각을 돌려보자. 어린 시절 내 방을 갖고 싶다는 절절한 소망을 가진 어떤 아이는 그토록 잘 돌봐주시던 할머니가 돌아가시자마자 "이젠 내 방이다"라는 생각에 슬픔이 어느새 기쁨으로 바뀌었다고 한다. 형제지간, 남매지간에 아무리 사이가 좋다 해도 방을 공유하는 관계에서도 그러한 친밀성이 가능할까 생각해 보면 고개가 저어진다.

성장기에 우리 집도 4남매 각각에게 방을 줄 수 있는 형편이 아니었다. 외국 동화책을 보면 꼭 다락방이 등장하곤 하는데 세모난 창이 달린 다락방, 유리창을 타고 흘러내리는 빗물, 이런 것들에 대한 상상이 그나마 나를 위로해 주었다. 거기에서 배 깔고 원없이 만화책을 본다든가 옷을 바꾸어 입어가며 일인 다역을 하는 시늉을 냈더라면, 그래서 우리 남매들, 사촌들 모아놓고 재미난 연극을 공연했더라면 조앤 롤링 같은 이야기꾼이 될 수도 있었을 것이 아닌가.

10년 전쯤인가 여성 친화적인 부엌을 가진 아파트로 어필하려고 했던 어떤 건축회사가 부엌을 전 가족의 공유 공간으로 설계하려고 했다 한다. 주부가 등 돌리고 혼자서 음식을 준비하고 설거지하는 구조가 아니라 가족들과 마주보고 또는 가족들이 함께 음식을 만들 수 있는 형태로 전환하였다. 그런데 그러한 혁신적인 변화가 별 호응을 못 받은 이유를 분석해 보니 안 그래도 크건 작건 아파트 안에 내 공간이 없는데 부엌마저 내줄 수 없다는 주부의 심리적 저항 때문이었다는 것이다.

지금은 의식이 많이 바뀌어 가사 노동의 공유가 좋은 가정의 가치 지향이 되었다. 또 하숙생처럼 잠만 자고 가는 가족들이 아니라 더 많은 시간 머무르면서 이것저것 쉼없이 보살핌 노동을 하는 전업 주부를 위해 어떻게 구조를 개선할 수 있을까를 많이 궁리하는 것 같다.

하지만 여전히 엄마 혹은 주부의 입장에서 자유롭게 사용할 수 있는 개인 공간을 갖기는 얼마나 어려운가? 독서나 휴식, 취미 생활의 장소로서 내 방을 갖고 싶다는 욕구는 아이들 공부방, 남편의 서재 등에 밀려 후순위가 되기 때문에 좀체 실현되지 않는다. 혹자는 주부의 개인실이 공간의 낭비라고 혹평하기도 하고 아파트 전체가 다 엄마 공간인데 '웬 개인실' 타령이냐며 타박한다. 책이라도 볼라치면 식탁 이상의 대안이 없다. 그렇다면 나를 성장시키면서 새롭고 근사한 나로 만들 수 있는 공간을 어디에서 발견할 수 있을까?

이상적으로는 골방이나마 문 닫고 집중할 수 있는 공간이 좋겠지만 사정이 여의치 않다면 베란다도 훌륭한 곳이라고 생각한다. 화단 규모를 좀 줄여 작은 앉은뱅이책상이라도 하나 놓으면 꽃과 책이 있는 풍경이 되고, 티 테이블을 놓으면 차를 마시면서 휴식하고 그 가운데 또 새로운 생각이 머리 가득 고일 법하니 그 곳은 창의적 일터가 된다. 새벽녘 조용히 나가 식물들과 인사를 나누고 하루를 기획하노라면 어느새 정신이 맑아지는 도량이 될 수도 있다.

어느 팔자 좋은 주부가 자기만의 방에서 24시간을 보낼 수 있으랴. 단지 하루의 아주 잠시라도 짬을 내서 결코 아무도 엔딩 크레딧을 올려주지 않을 가사일을 한 켠에 미루어 놓고 독립적인 시간을 보낼 수 있는 곳을 찾아보자. 굳이 구별하자면 우리가 안녕한가 아닌가는 육체적, 정신적, 사회적, 영혼적 차원으로 나뉜다. 나만의 공간은 나의 영혼을 돌보는 곳이라고 생각한다.

"당신이 어디에 사는가가 당신이 누구인지를 말해 준다"는 말은 참으로 저속하다. 당신이 어떤 공간 체험을 하는가가 당신이 누구인지를 증거한다고 바꾸어야 한다. 당신이 어떤 공간을 만들어 내는가가 당신의 삶을 대변한다고 해석해야 한다. 물론 집 밖에서도 자기만의 공간을 창출해낼 수 있다. 많은 사람들이 평생교육기관에서 마음의 양식을 얻기 위해 열심히 공부하고 영혼의 양식을 구하고자 새벽 기도를 가고 100일 기원을 하러 간다. 여러 자원 활동 센터에 가서 자원을 나누고 보살핀다. 내 요점은 그래도 우리는 결국 자기 집으로 돌아오게 되니 날마다 내 몸과 마음을 쉬게 하고 또 깨우는 일을 집에서 가장 많이 하게 되지 않느냐는 것이다.

요즘 발코니 없애는 일들이 도처에서 벌어진다. 눈이 시원해졌다고 해서 그것이 다가 아니라는 사실은 있던 공간이 없어지면 바로 알게 된다. 운신할 수 있는 면적을 넓히는 것도 중요할 수 있지만 눈에 보이지 않는 마음의 평수를 넓힐 수 있는 조건을 창출하는 일 또한 소중할 텐데 참 아쉬운 대목이다.

사람이 공간을 만들지만 공간 또한 사람을 만들어낸다. 공간이 우리의 내면을 얼마나 다양하게 조직하는지는 더 말할 필요도 없을 것이다. 길거리, 학교, 가정은 기능적 장소이기도 하지만 존재론적 체험의 장소이기도 하다. 천천히 유유히 걸어가고 싶게 만드는 골목들, 책에 코를 박고 걸어가도 누가 뭐랄 사람 없는 캠퍼스, 웃고 떠들며 휴식하고 재충전하는 장소로서의 가정에 대한 그림은 단지 관념적인 허위의식이라 볼 수 없다.

마당쇠가 빗질한 자욱만이 허용될 뿐 군더더기 없어야 하는 양반 가옥의 마당과 선비정신은 불가분리의 관계이다. 일주문 지나 또 몇 계단 올라가야 나오는 대웅전의 고도는 의식의 제8식인 아라야식까지 정진 또 정진해야 하는 수도자의 길과 닮았다. 대성당 안 저 끝에, 저 깊은 곳에 위치한 지성소는 지상의 삶과 천상의 삶을 구분하는 성직자의 신앙을 물질화한다.

식물에 대한 기억을 끌어올리다

무엇과 사귈 때는
네 계절은 함께 겪어봐야 한다는 게
내 지론이다.

문득 식물에 대한 내 최초의 기억이 언제쯤인지 궁금해졌다. 한참 머릿속을 뒤지다 보니 초등학교 1, 2학년 때인가 엄마가 만들어 주신 방학 숙제용 작품이 수면 위로 떠오른다. 그때는 곤충 채집이나 우표 수집, 상표 수집 같은 모으기 종류의 숙제가 많았는데 다른 것은 스스로 했지만 식물 수집은 하기가 어려웠던 터였다. 엄마는 우리 집 마당의 꽃들을 책갈피에 끼워 말려서 봉선화며 치자며 접시꽃 등속으로 화려한 드라이플라워 작품을 만들어 주셨고 개학식 날 나는 자랑스레 그것을 들고 갔다. 책에서는 '봉숭아'로 익숙한 그 식물이 엄마의 특유한 서체로 '봉선화'라 표기되어 표지 한쪽에 적혀 있었다.

그 후로는 고향 우리 집의 너른 텃밭에서 나던 각종 야채며 과일 · 석류나무 · 무화과나무 · 감나무 등의 여러 나무들 틈에서 마음 부자로 사느라 결핍을 몰라서인지 특별한 기억은 없다. 감꽃으로 목걸이 만들고, 반질거리는 아주까리 열매를 바늘에 꿰어 팔찌 만들고, 사루비아 단물 쪽 빼 먹고, 아무리 요령 있게 씨를 빼도 꽈리를 가지고 풍선이 만들어지지 않아 실망하던 것 정도인 것 같다.

식물에 대한 공포감을 주는 공상과학 만화 영화를 봤던 기억도 난다. 제목은 잘 모르겠는데 외계인이 지구인으로 위장해서 사람들이 사는 동네에 들어오는데 큰 트럭에 가득 실어 두었던 화분을 집집마다 하나씩 돌린다. 튤립이나 아네모네가 아니었을까 생각되는 크고 화려한 꽃 화분을 하나씩 받아 들고 사람들은 행복해한다. 그런데 한밤중이 되자 꽃들이 악당들의 조종을 받아 일제히 총부리를 겨누는 양 고개를 사방으로 돌리더니 독가스를 사람들한테 발사한다는 줄거리다. 결말이야 뻔한 것이지만(누군가가 어떤 방법을 찾아 그 외계인 악당들을 물리쳤을 테니까) 식물을 악의 메신저로 설정했던 것이 참으로 특이했다.

이제 머리를 양 갈래로 땋고 학교 가던 여고 시절의 한 컷으로 장면이 바뀐다. 엄마는 고향 집을 지키고 자식들은 하나둘씩 서울로 유학오던 시기라 가까운 친척들의 도움 없이는 밥을 제대로 먹기가 어려웠다. 막내이모가 몇 년 밥을 해주다가 고모할머니가 바통을 이어받으셨다. 어느 날 고모할머니는 당신이 쓰시던 동백기름을 내 머리에 몇 방울 떨어뜨리고 잘 퍼지라고 머리카락들을 비비면서 손질을 해주셨다. 나는 좀 이상하다고 생각했지만 지각하지 않아야 하기에 별 저항 없이 학교로 갔다.

동백기름 특유의 고소하다고 하기는 좀 그렇고 약간은 느끼한 향기가 교실 안에 퍼져 가자 난생 처음 맡아 보는 그 냄새가 서울내기들에게 얼마나 낯설었을 것인가. 기름 독에 빠졌다 나온 것처럼 기름기가 줄줄 흐르는 내 머리가 문제의 시발점인 것을 알아챈 친구들의 깔깔거림은 하교 때까지 계속되었다. 집에 돌아와 고모할머니께 다시는 그렇게 해주지 말라고 퉁명스런 한 마디를 던지고 말았다.

지금은 린스며 트리트먼트가 일반적이지만 동백기름은 무공해에다 피부에도 좋고 하여 머리 손질용으로 그만인데 전통이 검증해낸 그 가치가 근대의 향기에 밀려나 우리의 기억 속에서는 실종되어 버렸다. 수세미 수액으로 건조해진 피부에 보습을 하던 일들, 치자 열매로 명주천에 노란 물을 곱게 들이던 일, 다 우리의 기억 저편으로 사라져 버렸다.

원초적 기억이란 참 요상하다. 한참이 흐른 후에야 나는 이상하게 동백꽃만 보면 필이 꽂혔다. 고향집 마당에서 해가 다르게 장성해 가던 붉은 꽃 동백이 그렇고, 어느 집 응접실 해 잘 드는 곳에 주인인 양 자리잡고 있는 큰 화분을 봐도 가슴이 설레었다. 아무래도 내가 키워야만 할 것 같았다.

그러던 차 몇 년 전에 마침 길거리에서 소담한 동백나무를 하나 사게 되었다. 보기에 멀쩡했었는데 한두 송이 피는 듯하다가 죽고 말았다. 양심 불량한 사람이 꽃망울이 달린 가지 하나를 뚝 잘라 그냥 분에 꽂아 놓았던 것이라는 것은 화분을 엎고 나서야 알게 된 사실이었다. 망연자실했지만 거기에서 그만 둘 수는 없었다. 이 집 저 집에서 동백 가지를 얻어와 물꽂이도 해보고 배양토에 심기도 해봤다. 몇 차례 실험이 수포로 돌아갔다.

마음속에서 관심이 유지되면 일이 만들어지는가. 이태

전 여름에 서귀포 쪽으로 워크숍을 간 적이 있었다. 휴식 시간에 리조트 근처를 산책하다가 길거리에 나지막한 담장처럼 중키의 동백나무들이 도열해 있는 것을 목격했다. 지난 겨울과 봄 사이에 화려했을 꽃들은 지고 열매가 달려 있었다. 문익점 선생의 심정으로 여섯 알을 따왔다. 다음해 봄까지 기다릴 수가 없어서 가을에 그것들을 분에 심고 지켜보기로 했다. 그 겨울이 지나고 봄이 되었는데 화분 안에서 뭔가 고물거리는 낌새가 보였다. 새싹이었다. 일단 싹이 올라온 후에는 빠르게 커갔다.

지금은 수녀님이 된 고향 친구가 우리 집에 다니러 왔다. 동백 씨앗 이야기를 한참 들려주었는데 새로 난 그 새싹을 보고 이상하다고 고개를 젓는다. 종류가 다른 것 같다는 것이었다. 잎이 생각보다 크다든지 색이 연하다든지 하는 외양을 보고는 사실 나도 일정하게 의혹을 품고 있던 터라 분갈이 겸해서 엎어 보았다. 분명 단단한 밤톨 같은 게 몇 개 들어 있었으니 동백 씨앗이 아니라고 부정할 수가 없었다. 우리 집 동백은 주인 닮아 좀 특이한 모양이라고 함께 웃었다.

그것들이 좀더 커서 영락없이 분꽃 줄기 모양새를 하고

나서야, 그리고 저편 그늘에 놓아 두었던 화분에서 단단한 새싹들이 올라오고 나서야 나의 오해는 풀렸다. 분꽃이 월동해서 그 다음해 또 줄기를 피워올릴 일을 예상하지 못했던 것이고, 분을 여러 개 같이 갈면서 혼동했던 것이다. 씨앗을 파종하여 나무가 제 모습을 찾아가는 것을 지켜본 경험이 없었기에 일어난 해프닝이기도 했다.

이 과정들을 어렵게 거쳐서 지금은 네 그루의 어린 동백나무로 자라고 있다. 여섯 알 중에 네 개를 건졌으니 참 잘한 거라고 스스로를 칭찬한다. 그 무겁고 두꺼운 껍질을 칠흑 같은 어둠 속에서 벗겨내고 새 생명으로 도약한 동백을 보면서 사람이 아무리 힘들고 고달픈 일을 겪는다 해도 당신들만 하겠느냐면서 스스로를 격려한다.

무엇과 사귈 때는 네 계절은 함께 겪어 봐야 한다는 게 내 지론이다. 계절이 바뀌고 새 기운이 돌 때 생명 있는 것들은 힘겹다. 변덕스런 봄 나기는 나른하고, 여름의 습기와 무더위와 싸우면서 지치고, 가을 바람에 시달리다 뼛속까지 시린 겨울의 삭풍까지 견뎌내려면 생명의 분투는 계속될 수밖에 없다.

사람간의 관계도 마찬가지다. 처음 얼마 동안 그토록

매력적이었던 상대일지라도 얼마 못 가 관계의 위기가 찾아온다. 여름 장마와 겨울 혹한, 건조한 봄과 쓸쓸한 가을을 견디고 또 견뎌야 관계의 나무가 성장한다. 우리는 관계의 나이테가 여러 줄 만들어질 때까지, 시련 속에서 더 건강하게 성장할 때까지 경로를 지켜봐 주지 않는 조급한 마음에 관계의 줄을 얼마나 쉽게 놔버리는가.

지금 우리 사회가 특정 부분에서 허약한 모습을 보이는 일단에는 성장하는 과정을 지켜봐 주지 못하는 조급증이 자리잡고 있기 때문이 아닌가 생각한다. 자신의 초보 시절은 잊어버리고 눈에 띌 정도로 쑥쑥 커 있지 않으면 기회를 잘 주지 않으려 한다. 지금은 미미한 행보를 하지만 저 사람도 몇 십년 자라다 보면 언젠가 필요한 사람들에게 필요한 그늘을 만들어 주는 거목이 되어 있지 않겠나 하는 기대를 별로 안 하는 것 같다.

지금 내가 다니고 있는 치과가 벌써 햇수로 8년째인가 보다. 치아와 잇몸이 부실하여 현상 유지가 최선이기에 일 년에 두 번씩 안 빼먹고 꼬박 가는데 어느 때는 치료가 별로 마음에 안 들 때도 있다. 일터에 돌아와서 그런저런 이야기를 하면 어떤 동료는 다른 데로 옮겨 보라고 하지만 나는 그 사람들도 10년이면 더 고수가 되어 있을 거고, 나와의 관계의 역사가 쌓일수록 더 완벽한 맞춤 서비스를 하게 되지 않겠느냐고 말한다.

아름드리 나무는 시간 예술이다. 시간의 시험을 견디고 자신을 성취한 스승들이다. 하지만 그들도 한때는 아기 나무였고, 새싹이었고, 더 거슬러가면 씨앗이었다.

결핍인가
자족인가

결핍인가 자족인가

기념수 희로애락

둘둘이, 꼬불이, 오물이

차세대 지켜보기

셀프의 시대

파키라 돈오돈수 어게인

결핍인가 자족인가

간살맞은 아이는 힘들게 뭔가를 얻어내기 위한
무의식의 전술을 부리고 있는 중인지 모르며
너무 친절한 사람은 남에게 거절당할까
두려운 마음을 애써 감추고 있는 것인지 모른다.

재작년 봄 학교 선후배 사이인 여자 셋이 섬진강 매화 축제에 다녀왔다. 철마다 아주머니나 할머니들이 관광버스에 먹을 것 가득 싣고 꽃구경들을 떠나는 걸 보면서 왜 굳이 사람들에 치이면서 고생스럽기만 할 그런 데를 가시는지 공감을 하지 못했었는데 우리도 거기에 합류하는 나이가 된 것이다. 생각해 보니 자신이 더 이상 꽃이 아닐 때 꽃이라도 보러 가는 게 아닌가 싶다.

10년 후에 다시 오기로 기약하고 매화 동산을 떠나왔다. 짧게나마 매화의 소담스런 정취에 흠뻑 젖었던 시간을 연장하고 싶어 동네 아주머니들이 이고지고 나온 작은 매화나무를 하나씩 사들고 왔다. 얼마 전 그 멤버들이 다시 만나 각자 자기 집에 있는 매화 소식들을 물었는데 다들 아직 제자리를 못 잡은 듯 그리고 그것이 자신의 책임인 듯 힘없는 보고가 이어진다. 뉴스를 보면 올해 매화 축제가 지금 한창이라는데 우리 집의 매화는 한 달 전쯤 새 가지들을 틔우는 듯하다가 중단하고 지금 동면하고 있는 성싶어 애가 쓰인다. 그러다가 이 녀석 이름이 '그대 아직 꿈꾸고 있는가'로 낙착되지 않을까 우려된다.

결핍은 뭔가를 하게 한다. 자신에게 쾌적하고 최적인 상태가 만들어지지 않을 때, 혹은 더 나아가 위기감을 줄 때 비상 행동이 나온다. 남산 위의 소나무가 공해에 시달려 자손이라도 남기고 죽자는 각오로 무수한 솔방울들을 만들어 내고 있다든지, 환경이 나빠지면 꽃대에 생긴 꽃눈이 고아가 되어 버린다든지 하는 것 말이다.

결핍은 자연 안에서 재미있는 차이들을 만들어낸다. 꽃들도 바람이 알아서 수정해 주는 종류는 화사한 빛깔의 꽃부리를 갖고 있지 않다고 한다. 곤충들의 눈에 띄어야 할 필요가 있는 것들이 초록색 잎들과 구별되는 특징을 갖게 되고 그 결과로 아름답게 되었다는 것이다.

지금 우리 눈에 보이는 아름다운 것들이 다 나름대로는 딱한 사정들을 품고 있음을 발견하는 것도 신선한 환기다. 자기 안에서 해결할 수 없는 어떤 결여의 지점이 남의 눈을 의식하게 만들고 호감을 주려고 하는 것이라면, 그런 모종의 비가시적 작용이 새로운 행동들을 하게 하는 것이라면 꽃미녀, 꽃미남 지향성도 결국 일종의 자신 없음이 아닌가. 거꾸로 바깥의 시선에서 독립적인 당당함을 갖춘 사람들은 목석처럼 될 것인가. 목석 같은 인간은 갈비(갈수록 비호감의 준말로 누리꾼들이 사용함)가 아니라 온전함의 표상인가.

애교 없는 여자는 그럴 필요가 없는 순조로운 환경에서 자란 것일 수 있고, 눈치 없는 회사인은 사람들 사이에서 별로 부대껴 본 경험이 없었던 것일 수 있다. 거꾸로 간살맞은 아이는 힘들게 뭔가를 얻어내기 위한 무의식의 전술을 부리고 있는 중인지 모르며 너무 친절한 사람은 남에게 거절당할까 두려운 마음을 애써 감추고 있는 것인지 모른다.

인류의 정신사를 지배해 온 하나의 그림을 생각해 보자. 무생물 · 식물 · 동물 · 인간 · 신의 위계 구조는 소위 존재의 완성도에 대한 사다리인 셈인데 이를 완전이 아닌 결핍의 관점에서 다시 검토해 볼 필요가 있을 것 같다. 식물이 할 수 없는 일은 동물이 할 수 있고, 동물이 할 수 없는 일을 인간이 할 수 있고, 인간이 할 수 없는 일을 신은 한다고 말하지만 꼭 그렇게 이해해야 할 것인가 하는 문제다.

거꾸로 식물이 할 필요가 없는 것을 동물은 굳이 수고스럽게 해야 한다고 이해할 수 있을까? 식물은 광합성을 통해 영양을 취할 수 있으니 힘들게 또 천적으로부터의 위험을 감수해 가며 움직일 필요가 없는 것이다, 동물은 자연 상태로 충분히 살아가지만 인간은 사회계약을 맺지 않으면 생존할 수 없으므로 언어 · 노동 · 사회가 발명된 것이다, 등등.

식물의 경우만 따로 떼놓고 본다면 사실 식물은 다른 생명체들보다 훨씬 자족적인 존재고 엔트로피를 적게 만들어낸다. 식물은 엄청난 기술자일 뿐 아니라 자연 예술가이기도 하다. 식물은 굳이 이동하지 않아도 동물의 먹이가 됨으로써 씨를 전파시킨다. 식물 종들간의 경쟁이야 일어나는 일이지만 그렇다고 해서 인간처럼 다른 종들을 절멸시킬 가능성이 있는 존재는 아니다. 자신 안에 들어 있는 생체 시계로 시간의 흐름을 알아채니 시계가 필요 없고 쓸 만큼의 영양만 섭취하니 거식증에서도 과식증에서도 비켜설 수 있다.

예전에도 우리나라에서 수령이 800년, 1000년 되는 나무들은 사람들의 기림을 받았다. 어떤 나무는 관직을 하사받기도 했고, 유산 상속을 받기도 한다. 무병장수에 대한 인류의 오랜 꿈은 불로초를 향해 있었다. 지금 지구상에 제일 나이가 많은 나무는 몇천 살이라고 한다. 어느 장수 동물이 여기에 대적하겠는가.

시골 동네 초입을 한가로이 지키고 있는 한 150살 된 느티나무를 보자. 그 마을에서 누가 시집장가를 갔는지, 어느 할마씨가 어떻게 세상을 살다가 상여에 실려 나갔는지, 누구의 아들 손자 며느리가 어떤 사건을 겪었는지 그 공간적 궤적을 역사적으로 다 꿰뚫고 있다. 몇십 년에 어떤 전쟁이 일어 포화가 휩쓸었는지 1세기 전 사람들은 뭘 해먹고 무슨 수다를 떨고 어떤 여가 생활을 했는지 그 자리에서 다 보지 않았겠는가. 나이테를 따라 그 틈에 속속 숨겨져 있는 입력 정보를 해독할 수 있는 장치가 생긴다면 그만한 지리지나 정보 도서관이 없을 것이다. 어쩌다 거센 바람으로 오래된 나무가 뿌리째 뽑혔다거나 줄기가 떨어져 나갔다는 뉴스를 접하면 안타까운 마음을 금할 수 없다.

예전에 들은 공상 과학류의 얘기인데 어느 화원에서 살인 사건이 일어났다 한다. 거기에는 수많은 화초들이 있었다. 허나 그것들을 현장 증인으로 세울 수는 없는 일이었다. 단지 혐의를 받고 있는 피의자 몇 명을 그 화원에 순서대로 들어오게 했더니 그중에 한 사람이 들어섰을 때 화초들이 일제히 고개를 떨구는 등 특이 행동을 보이고, 일순간 이상한 기운에 휩싸이더라는 것이다. 마치 비가시적인 파장이 발사되는 듯했다는데 민감한 수사관이 그 사람한테 뭔가가 있구나 하면서 증거들을 수집했고 그래서 잡았다는 것이다.

우리가 아직 몰라서 그렇지 식물들의 나라에서 어떤 일들이 일어나고 있는지를 더 많이 알게 된다면 그들의 성취 수준에 대해 절로 고개가 숙여질 날도 오지 않겠는가 생각한다. 식물들끼리의 의사소통 방식이 꼭 동물의 언어 유형이 아닐 수도 있고 식물의 모듬살이에서 유지되는 원리가 훨씬 평등한 공동체성일 수 있을 가능성 등에 대해서 아직 우리의 상상력이 못 미칠 뿐 탐구 가능한 영역은 무궁무진하지 않겠는가.

참 별난 일이다. 소싯적엔 외할아버지 당신 혼자서 그 너른 텃밭을 보살피느라 힘에 부쳐 보내시는 SOS도 못 들은 척 물 안 주고 도망다니기에 바빴던 내가 참 많이 변하고 있는 것 같다. 친구들과 신나게 노는 것만큼 아니 더 이상의 풍요로움이 식물들의 나라에 있었을 텐데 그땐 왜 모르고 이제사 이런저런 생각을 하게 되는 것일까.

혹시 지금 내가 사는 모습이 허전한 건가. 수십 종의 식물들을 끼고 산다는 것은 다른 데서 삶의 재미를 느끼지 못해서 그런 건가. 말로써 말 많은 세상에서 힘들게 일하다 돌아와 허허로운 베란다 한구석에 우두커니 앉아 있으면 나도 몰래 평화로운 느낌이 드는 이즈음의 의문이다.

사람이 열두 번 변한다는 말처럼 나는 이제 광합성하는 인간이 되어가는 성싶다. 날이 흐리면 기운을 못 쓰고 빌빌거리다가도 쨍하고 갠 날은 훨훨 날아가는 풀씨처럼 가벼워진다. 내가 날씨에 따라 변할 사람 같소? 그렇소. 모든 것이 급변하는 세태에 항상 그 자리에 서 있는 나무는 지루하다고요? 아니오. 그 자리에서 다 본다오.

기념수 희로애락

삶이 부평초인데 어디에 내 나무를 심을 것인가라고
주저앉지 말고 화분에라도
내 나무를 심을 수 있지 않을까.

청명 한식에 나무 심으러 가자. 무슨 나무 심을래.
십리 절반 오리나무
열의 갑절 스무나무
대낮에도 밤나무
방귀 뀌어 뽕나무
오자 마자 가래나무
깔고 앉아 구기자나무
거짓 없어 참나무
그렇다고 치자나무
칼로 베어 피나무

네편 내편 양편나무
입 맞추어 쪽나무
너하고 나하고 살구나무
이 나무 저 나무 내 밭두렁에 내 나무

예전 풍습에 딸을 낳으면 오동나무를 심어 시집보낼 때 농짝이나 반닫이를 만드는 데 썼다고 하고 아들을 낳으면 잣나무나 소나무를 심어 당자가 삶을 마감할 때 관을 짰다고 한다. 매우 실용적인 사고이기도 한데 또 한편으로는 나무와 아이를 묶어 생명을 키우는 실습을 시킨 셈이니 교육적인 효과를 갖기도 했다고 본다. 거기에서 유래하는 내 나무.

지금 내 나무 가진 사람이 얼마나 될까. 그래도 동네의 야트막한 동산마다 산책로마다 심은 이의 이름을 목에 걸고 있는 나무들을 심심치 않게 만날 수 있는 걸 보면 꼭 내 나무가 아니더라도 우리들의 나무를 가꾸는 데서 보람을 느끼는 선남선녀들이 있는 것 같다. 그러니 정원 있는 집에 살지 않는 다음에야 게다가 일이 년에 한 번, 어떨 땐 일 년에 두 번도 이사를 다녀야 하는 상황에서라면 삶이 부평초인데 어디에 내 나무를 심을 것인가라고 주저앉지 말고 화분에라도 내 나무를 심을 수 있지 않을까. 평생을 나와 함께해야 한다면 너무 부담스러울 테니 생애의 단 어느 기간만이라도 함께 동행하는 친구로 내 나무들을 몇 만들 수 있지 않을까.

슬픈 영화 「레옹」의 마지막 장면에서 마틸다가 화분을 땅에 묻는 인상적인 모습이 공감을 끌자 연인들 사이에서 화초 선물이 한때 붐을 이루기도 했다. 나중에 종류를 알고 보니 아글레오네마라는 관엽식물이었다.

무슨 기념일이 많아진 지금 식물 주고받기나 내 나무 심기가 새로운 선물의 방식이 되면 참 좋을 텐데라고 혼자 생각한다. 사귄 지 100일 기념 백리향, 1,000일 기념 천리향, 10,000일 기념 만리향 선물은 어떤가? 아무리 바빠도 기념일만은 꼭 챙겨야 하고 기억에 남을 이벤트는 꼭 빼먹어서는 안 된다면 식물 주고받기를 통해 마음을 전할 수 있을 것 같다. 게다가 그 식물을 잘 키우는지 아닌지 정성껏 보살피는지 아닌지가 상대방에 대한 관심과 애정을 재는 바로미터 아니 그 사람의 인간됨을 재는 바로미터로 기능할 수도 있을 테니까.

자녀가 학교를 들어가고 나올 때 기념하는 방식으로 어

딘가에 내 나무를 심고 키크기 경쟁을 한다든지 하면 근사하지 않을까? 어르신이 회갑·칠순·팔순이 되면 금가락지나 금거북 같은 선물도 좋겠지만 그분을 닮은 나무를 심고 정성껏 가꾸어도 좋지 않을까?

우리는 또 나무를 통해서 살면서 맞이하는 기쁜 일을 기념하고, 힘든 사건을 극복할 수 있는 계기로 삼자고 다짐할 수도 있다. 재재작년에 운 좋게도 9년짜리 장기 연구프로젝트를 시작하게 되었을 때 나는 날아갈 듯한 마음으로 친구와 함께 양재동 꽃시장에 갔다. 그때는 꽃나무에 필이 꽂히던 때라 천리향 작은 거 한 그루를 생각보다 거금을 들여 샀다. 그 천리향이 순조롭게 잘 크는 동안 내 프로젝트도 일취월장하기를 기원하는 마음을 담았고 밋밋하지만 그 이름은 '999'다.

멀리 거기까지 갔는데 하나만 들고 오자니 좀 아쉬운 마음에 아프리칸바이올렛을 꽃 색깔별로 다섯 개를 샀다. 바이올렛은 나에게 아픔을 떠올리게 하는 화초다. 아파트로 이사오기 전에 단독주택 2층에서 살았었는데 거기에는 현관문 가까이에 계단이 있었다. 봄볕이 좋을 때 바이올렛 화분들을 계단 한 층에 하나씩 한 열 개쯤 오종종하게 올려

놓았는데 어느 날부턴가 조금씩 조금씩 계단이 허전해지기 시작했다. 오기로 며칠 버티다가 마지막 두 개 정도 남았을 때 거실로 철수시킬 수밖에 없었다. 친구들을 잃어버린 바이올렛들은 이상하게도 줄기가 하나둘씩 문드러지는 무름병에 걸려 곧 전멸했다. 지금 바이올렛들은 잘 지낸다. 함께 '종5품' 이란 이름을 달고 있다.

재작년 봄 일산 호수공원에서 열린 봄꽃 축제였던가. 거기에서는 남천을 세 그루 사왔다. 오며가며 백리길은 되었으려니 하여 '남천백리' 라는 이름을 갖고 있다. 그중 한 그루는 작년 봄 아버지 산소로 이사시켜서 '남천천리' 가 되었다. 가을에 성묘할 때 보니 잘 크고 있었다. '남천천리' 맞은편에는 고향집 마당에서 훨씬 옛적에 이사 온 동백나무가 터를 잡고 있다. 생애 동지였던 지아비를 아무 준비 없이 며칠 사이에 잃어버린 엄마는 발이 땅에 닿지 않고 둥둥 떠 있는 듯한 시절을 한 삼 년 보내셨는데 아버지는 그래도 엄마가 보내주신 동백을 통해 옛날을 추억하실 수 있지 않았을랑가.

좌청룡 우백호 식으로 아버지 산소를 지키느라 동분서주하는 동백과 남천이 아버지를 잊을 수 없는 우리 남매의 마음을 알랑가. 아니면 글자를 못 읽어서 이 간단한 추모비로는 성에 차지 않을 아버지의 희노애락을 모를랑가.

저희는 아버지의 의협심을 따뜻한 마음과 함께 기억합니다.

저희는 아버지의 민족애와 살뜰한 가족 사랑을 자랑스럽게 생각합니다.

저희는 아버지의 길지 않은 올곧은 삶에 못내 애달파합니다.

야인(野人)으로
의인(義人)으로
호인(好人)으로 사시다
아버지는 가셨지만
그 백만불짜리 호탕한 웃음소리는
주변이 환해지던 호남의 풍모는
고향 사랑에 분주하셨던 발걸음은
오늘도 우리 곁에 울림으로 남아 있습니다.

2006년 봄날 가없는 그리움을 담아 4남매가 드립니다.

둘둘이, 꼬불이, 오물이

우리가 변태를 했더라면 훌훌 새 옷으로 갈아입고
새 몸으로 살았을 텐데 그러지 못하니 쓰라린 기억들과 상처들이 갈 곳 없이
의식 위아래 두꺼운 퇴적층을 이룬다.

우리 집 '둘둘이'는 약간 옆으로 비비 꼬인 채 둘둘 말린 잎을 펴가면서 온전한 새 잎이 되는 싱고니움의 이름이다. 완전히 쫙 펼치고 나면 잎맥이 많아 약간 부감이 남아 있지만 눈에 거슬리지 않는다. 이 녀석은 어찌나 햇빛을 밝히는지 금세 고개가 창 쪽으로 기운다. 처음엔 화분을 그 반대 방향으로 돌려놓고 균형있게 성장하라고 자세를 잡아주었는데 며칠 못 가 다시 햇빛 쪽으로 가고 만다. 목디스크라도 걸릴까 봐 이제는 그냥 너 가고 싶은 대로 보고 싶은 데를 보라고 손대지 않는다.

'꼬불이'는 작은 새 잎이 꼬불꼬불 나올 때의 스파트

필럼의 이름이다. 역시 상처 하나 없이 둘둘이만큼 매끈하게 커간다. 처음엔 비틀린 고치 모양을 하고 있어서 말라죽기 바로 전 단계가 아닌가 하는 걱정을 하게 만드는데, 줄기들 사이에서 꽤 오래 꼼지락거리다가 슬슬 펼쳐질 때 안도감이 번진다.

'오물이'는 분홍이나 빨강의 꽃잎 포대가 나오는 모양에서 지은 안스리움의 이름이다. 무성한 줄기 안에서 보일 듯 말 듯 오물오물하고 있던 것이 마치 '놀랬져?' 하는 것처럼 어느 날 불쑥 작은 혀를 내민다. 잎이 나올 때도 꽃잎 포대를 따라하는 것처럼 똑같이 오물거리다가 쏙 나온다.

둘둘이, 꼬불이, 오물이 다들 나를 시험할 뿐 아니라 재미를 준다. 배배 꼬였거나 잔뜩 주름졌던 꼴에서 어느 순간 언제 그랬냐는 듯이 말쑥해지는 모습을 보면 마치 그런 묘기를 꼭꼭 숨겨두었던 것만 같다. 번데기 앞에서 주름잡지 말고 얘네들 앞에서 주름 펴지 말 일이다.

반면에 내가 이쑤시개로 어린 잎 주변의 벌레를 콕콕 찍어대는 바람에 입혔던 상처는 잎이 커갈수록 더 뚜렷해져서 결국 손상된 잎을 떼 내야 하니 오히려 손대지 않은 것만 못할 때도 있다. 벌레잡는 기술이 아직 일천하여 긁어 부스럼내는 일이 많다.

사실 우리도 옛날로 거슬러가 보면 온몸이 특히나 얼굴이 쪼글탱하던 태아적의 모습이 있었고 몸이 불어나면서 그 주름들이 매끈하게 펴져 갔다. 마디마디가 성장하면서 오물거리던 손가락 발가락에서 벗어났다. 단풍 새싹을 보면, 은행 새싹을 보면 정말 그때 아기 손을 보는 것 같다.

매미가 옷을 벗어 놓은 것을 본 적이 있으신지? 어느 해 여름이 본격적으로 시작되기 전에 길거리 나무 주변에 여기저기 죽은 매미들이 깔려 있어 너무나 놀랬다. 눈을 들어 보니 나무 기둥이며 줄기에도 주검들이 하나 둘 보였다. 영양실조였는지 공해로 죽었는지 모르겠지만 속이 빈 듯 비쩍 마른 몸하며 텅 빈 퀭한 눈을 갖고 있었다. 나중에 알고 보니 그것들은 매미가 변태를 하면서 벗어놓은 허물이란다.

어쩌면 예전의 몸틀에서 저리도 완벽하게 빠져 나올 수 있을까 내내 의문스러웠다. 들어보면 가볍기만 할 뿐 어디 한 군데 찢기고 갈라진 흔적도 없으니 천의무봉(天衣無縫)의 경지가 따로 없지 않은가. 조각을 덧대지도 않고 꺼끌꺼끌한 솔기도 없는 옷은 하늘이 만든 작품으로 선녀나 입을 수 있었다는데 매미의 경지가 그토록 고수급이란 말인가.

내가 정리정돈에 신경을 안 쓰고 사는 버릇은 예나 지금이나 별로 고쳐지지 않는다. 우리 아버지는 내가 집에서 입던 옷을 벗어 놓고 학교 갈 때면 "꼭 뱀이 허물 벗어 놓은 모양"이라고 혀를 끌끌 차셨다. 하의는 그 말씀이 맞을 테고 상의는 뒤집어져 있었을 터이니 내 실력은 뱀만 못했다고 할 수 있다. 하지만 안팎이 뒤집힌 옷을 다시 입으면 몸에 닿는 목 뒤의 라벨이며 솔기 때문에 생기는 껄끄러움이 없었으니 나로서는 괜찮았다.

세 살 버릇이 내내 지속되는 한편으로 변화도 있다. 성장통을 치르느라 몸의 근육과 뼈와 살이 커지고 죽죽 늘어날 때면 여기저기가 아프다. 아이를 가져 몸이 불어나면 살이 터져 봉합선이 생긴다. 노화로 몸 구석구석 주름살 생기는 것은 명의 화타가 환생해도 어찌해 볼 수 없는 일이다. 보톡스를 맞는다 해도 전신의 피부를 다 커버하기 어렵다.

몸이 그러할진대 마음은 또 어떨 것인가? 우리는 부지불식간 의식이 퇴행한 것을 느끼지 못하는 경우가 많다. 남들의 생각이 내 것인 양 익숙해진다. 사회가 요구하는 관행적 사고를 무비판적으로 받아들인다. 어떤 일에 대한 판단을 내려야 할 때도 그때그때 업그레이드의 비용을 지불하지 않고 관성에만 의존하게 된다. 묵어버린 생각들을 청산하려면 두뇌의 뉴런과 세포와 혈관들을 교체한 후 그 인큐베이터에서 새 생각이 자라도록 해주어야 한다. 그것이 새 부대에 새 술을 담는다고 표현될 수 있을 텐데 어디 쉬운 일인가.

우리는 다른 사람들과 싸우느라 마음에 골과 생채기가 생긴다. 가없는 욕망에 시달리면서 영혼에 주름살이 진다. 일신우일신 못하는 의식구조는 금이 간다. 마음의 환골탈태가 순조롭게 평화롭게 될 수 있는 노하우는 어디에서 배울 수 있을까. 매우 집요한 투지와 자기 변혁을 수반하는 인고의 과정을 견디면서도 아팠던 흔적을 남기지 않을 수 있는 길은 없는 것일까. 진주가 조개의 고통 후에 나오고 사리(舍利)가 수행 끝에 나온다 하지만 그 이상의 경지에 닿을 수는 없는 것일까.

우리가 변태를 했더라면 훌훌 새 옷으로 갈아입고 새 몸으로 살았을 텐데 그러지 못하니 쓰라린 기억들과 상처들이 갈 곳 없이 의식 위아래 두꺼운 퇴적층을 이룬다. 그와 유사한 일이 생기면 완전히 아물지 못했던 예전 상처가 덧난다.

그래서 사람들은 아픈 경험으로 무거워진 몸들을 두고 자유로이 훨훨 날아갈 수 있는 곳, 이승 저 너머를 생각했던 것일까?

차세대 지켜보기

어느 누구도 유망주로 태어난 사람은 없다.
유망주로 스스로를 만들어가는 과정을 잘 보냈는지,
시련을 잘 견뎌내었는지가 나중에 판가름날 뿐이다.

뭐 눈에는 뭐만 보인다고 자기가 미쳐 있는 대목에서는 세상의 특정 모습만 눈에 띈다. 쌈 채소에 필이 꽂히면 땅 위에 솟아난 식물들을 보면서 "저 잎은 먹을 수 있는 걸까 없는 걸까" 궁금해한다. 봄 미각을 돋우는 두릅의 쌉쌀함에 반해 있는 사람은 모란 줄기에 나기 시작하는 새싹이 꼭 두릅 순처럼 보인다.

서당 개가 풍월을 읊게 된다는 경력 삼 년을 채우지도 않고 나는 식물들이 성장하는 것으로 만족을 못하고 빨리빨리 번식시키고픈 시험에 들었다. 하여 이것저것 물꽂이를 시도했는데 아프리칸바이올렛이나 엘레강스는 꽤 뿌리를 잘 내리는 편이었고, 스킨 · 싱고니움 · 홍콩야자는 줄기에 뿌리가 될 수 있는 지점들이 있어서 성공률이 거의 100%였다. 내친김에 동백 · 목향 · 수국 · 철쭉 등도 실험 대상이 되었는데 번번이 하나도 성공하지 못했다. 물로는 안 되나 싶어 배양토에다 심어 보기도 했지만 결국 실패하고 두 손 들었다. 여기저기에다 집에 있는 꽃나무의 가지를 잘라 달라 부탁했으니 내 일터의 청소를 해주셨던 아주머니를 비롯하여 민폐만 두루 끼치고 만 셈이다.

그처럼 기가 죽어 있던 시절에 내게 희망을 준 것이 자메이카였다. 옆 동네 리더십 교육기관에 일이 있어서 갔다가 큰 자메이카 화분을 보았는데 워낙 무성하여 줄기 몇 개 끊어도 지장이 없을 성싶었다. 담당 선생님께 허락을 받고 일터로 가져왔는데 기쁨으로 발갛게 상기된 내 얼굴을 지켜보던 동료가 의아한 표정을 지었다.

그 세 줄기는 근 석 달 동안 물속에서 살았는데 틈틈이 살펴보니 뭔가 희끄무레한 것들이 물에 잠긴 줄기 주변을 맴돌고 있었다. 그간의 노하우로 새 뿌리가 돋는 과정일 것이라고 짐작은 했지만 혹시 썩어가는 건 아닌가 노심초사했다. 냄새 나는 줄기를 끄집어내고 용기 안쪽에 낀 찌꺼기를 씻어내고 누렇게 시든 잎들을 떼어내고 물을 갈아 주길 몇 차례 하는 사이 하얀 뿌리가 하나둘 확인되었다. 일차 안도감이 들었다. 다시 흙에서 제대로 뿌리내리고 사는 모습을 지켜보느라 또 다시 시작된 노심초사. 결국 성공했고 지금은 그 줄기에서 또 꼬마 줄기들이 나와 제법 나무 꼴이 되었다. 웃자란 가지들을 정리해 줄 정도가 되면 차차세대가 만들어지는 셈이다. 흐뭇하다.

며칠 전 그 기관에 교육이 있어 다시 갔는데 엄마 자메이카가 눈에 보이지 않았다. 그 자리에는 키 큰 홍콩야자 화분이 대신하고 있었다. 거기 계신 분의 말로는 아마 공기가 제대로 통하지 않는 공간이라 죽은 것 같았고 그 후에 정리된 것 같단다. 아쉬웠지만 우리 집에서 씩씩하게 자라고 있는 '차세대'가 있어서 다행이다.

우리 '차세대'는 현재 5, 60센티미터 정도 되는 키니 전 세대보다 훨씬 키가 작고 몸집도 아직 작다. 성장 과정에서 근사한 모습으로 자라날 거라고 기대는 하지만 그 누가 결과를 장담할 수 있겠는가. 나로서는 이모저모 살펴보면서 벌레 잡아 주고 영양제 주고 마음 한 가닥을 줄 뿐이다. 어떤 사람들은 내가 정성껏 보살피니 식물들이 잘 되는 거라고 덕담을 하지만 내 역할은 보조자이고 지원자에 머문다. 스스로의 잠재력을 최대로 발현할 몫은 온전히 차세대에게 달렸다고 본다. 하여 과도한 책임감을 가질 필요는 없다는 생각이다. 부모는 자식 잘되라고 좋은 마음으로 많은 것을 해주지만 그 결과가 꼭 기대만큼 안 되는 경우도 다반사이다. 부모가 그 결과를 몽땅 책임져야 한다고 하면 너무 심하지 않은가.

어느 누구도 유망주로 태어난 사람은 없다. 유망주로 스스로를 만들어 가는 과정을 잘 보냈는지, 시련을 잘 견뎌내었는지가 나중에 판가름날 뿐이다. 마찬가지로 거목으로 태어난 사람은 없다. 기죽지는 말자. 전 세대인 거목을 존경하고 그 삶의 성취를 학습하면서 어떤 교훈을 얻을 수는 있겠지만 차세대는 거기에서부터 또 한 발짝 앞으로 전진한다. 거목의 의미는 우리로 하여금 그 높이에서 더 높고 넓은 지평을 볼 수 있게 해주는 사다리 역할에 있다.

차세대는 미래의 시간이고 희망과 발전의 기표라지만 사실 이들은 기성세대의 굳은 머리로는 이해할 수 없는 짓들도 잘 한다. 왕년의 축구 선수인 어떤 이는 자기 때는 죽기살기로 싸웠는데 지금 선수들은 즐기면서 게임을 한다고 말한다. 라이벌 팀의 스타 플레이어 사진을 액자에 넣어 침실 머리맡에 두고 자지를 않나, 스스럼없이 다른 나라 선수를 존경한다고 하지를 않나 도저히 납득하지 못하겠다는 것이다. 예전 세대가 헝그리 정신과 투지, 오기로 임했다면 지금 세대에게서는 여유와 발랄함이 묻어난다. 전자에게 시합은 생존 조건이었던 반면 후자에게는 자기 성취의 실현 무대인 셈이다.

요즘은 스포츠도 과학 경영의 대상이 되었다. 경기력과 국력 및 자본의 힘이 비례하는 것이다. 그러니 정신력 일변도로 강훈련시키면서 해외 경기 때 지고 나면 귀국길이 무서워지게 만드는 것은 후진성을 면치 못한 것이라고 본다. 해외 '원정'이란 말도 이미 전투적인 용어법이다. 위협과 공포감 조성, 보상과 처벌을 통한 규율이 능사가 아니며 자기 존중감과 자기 효능감을 증진시킬 수 있는 지도법에 더 희망이 있는 게 아닌가 생각한다.

라면만 먹고 달리고, 새벽종이 울릴 때 일을 시작하고, 야간 작업을 밥먹듯 했던 세대가 쌓은 성과를 깎아내리는 것은 아니다. 이들의 노고로 차세대에게 좋은 디딤돌을 만들어 주었으니 이젠 생존을 넘어서 생활의 내실과 풍요로

움을 생산할 때가 된 것이 아닌가. 삶의 방식을 자주적으로 선택하고 사람들간의 개성과 취향의 차이도 여유있게 인정하여 함께 공존하고 상생할 때가 된 것이 아닌가.

젊은 세대의 열린 감수성은 시대를 앞서 간다. 기실 기성세대는 자신들의 문화를 이들에게 전수하고자 하나 이들이 지금 여기에서 생산하고 있는 새로운 문화가 우리 기성세대를 덮어씌우는 경우도 많다. 삶의 시공간이 다르니 세대차는 당연한 것이지만 세대간 대화를 통한 소통을 게을리하지 않으면 단절을 막을 수는 있을 것이다.

어떤 글로벌 CEO는 십대 · 이십대의 문화적 괴짜들과 정기적으로 어울리는 모임을 즐긴다고 한다. 우리로서 할 수 있는 일은 비보잉 공연도 보고, 젊은이들이 즐겨 보는 만화도 보고, 게임방에도 가보고, 이들이 열광하는 가수들의 공연도 보는 것이 아닐까. 나이 들어 헤드뱅잉 심하게 하면 신경이나 인대에 무리를 주니 그것은 좀 삼가고, 자녀들과 호흡을 맞춘다고 인라인 스케이팅하다가 부상당하지 말고.

어떤 선배님은 요즘 직장 생활하는 후배들이 퇴근 칼같이 하고 주말이나 휴가는 꼭꼭 알아서 챙기고 육아 휴직 같은 제도도 기웃거린다며 옛날처럼 열심히 일하지 않는 풍

토를 개탄한다. 참 이상하다. 후배들에게 그런 밝은 세상 만들어 주려고 당신들께서 그토록 불철주야 일했던 것이 아니었나요? 차세대는 또 나름대로 좋은 역할을 하고 그 다음 세대에게 바통을 넘겨 주는 것이 아닌가요?

가끔 우리 일터에 동료들의 자녀가 올 때가 있다. 어떤 딸은 엄마 덕분에 초등학교 들어가기 전부터 '연구원'이나 '연구' 그런 어려운 말에 익숙해져 있고 엄마가 아빠랑 어떤 문제를 두고 치열하게 싸우지 않자 "여성주의자가 그래도 돼?"라면서 엄마를 긴장시켰다 한다. 이들이 씩씩하게 장성하여 앞으로 우리 사회를 또 얼마나 발전시켜 갈지 기대된다.

얼마 전에는 또 다른 동료의 딸이 엄마 연구실에서 같이 있다가 저녁이 되었다. 우리는 전체 회식을 앞두고 있었는데 그 아이 때문에 엄마가 난색을 표했다. 함께 가자고 권유하면서 "차세대인데 함께 가지요"라고 했더니 급히 가방을 싸느라 앞뒤를 다 못 들은 엄마 왈, "아 제 차까지 세대예요?"라고 해 우리 모두를 웃게 만들었다.

셀프의 시대

식물은 윗식물 아랫식물 할 것 없이 배설물이 없다.
각자 자기 자리에서 자기 방식대로 영양을 섭취하고 몸 안에서 에너지를 순환시키는데
그런데도 찌꺼기로 나오는 게 하나도 없다. 다들 고수의 반열에 올라 있다.

물도, 차도 셀프 서비스라고 써 붙인 밥집이 많다. 주유도 셀프로 하면 할인해 준다. 고객의 손들을 빌려 서비스 노동자의 인건비를 줄여보자는 의도이다. 더 나아가 라면의 물도 자기가 조절하고 어느 쯤에서 불을 끌 것인가도 결정하게 하고, 요리에 들어가는 소스도 직접 고르고 튀김도 직접 하라는 식당이 생기고 있다. 그렇다고 음식값에서 인건비를 빼주는 것도 아니다. 자기 식으로 가장 맛있게 요리할 수 있는 기회를 '일부러 주는' 것 자체가 새로운 서비스 제공이 된 셈이다. 사실 자신이 어떤 일을 직접 수행했을 때 체감되는 만족도는 참 다르다. 가장 맛있는 부침개는 자

기가 지금 막 뒤집어 다 익힌 다음 기름 밴 것을 탈탈 털어 내고 뜨거운 그걸 입김을 불어 식혀서 한입 가득 물었을 때이다.

어린 날 밀가루 반죽 돕는답시고 얼굴이며 온몸을 분칠하고 부엌을 돌아다녔던 기억 저편으로 사촌들을 포함하여 고만고만한 터울의 아이들이 모여 앉아 밀가루 반죽으로 여러 형태의 동물들을 만들었던 일이 떠오른다. 강아지 · 염소 · 돼지 · 코끼리 등등 다들 나름대로 잘 만들었는데 찜통을 거친 후 최종적으로 나온 모양은 우리를 실망시켰다. 윤곽선도 다 사라지고 이게 강아지인지 못생긴 혹인지 구분이 안 갔다. 내가 만든 것은 나만 먹어야 되니까 "다른 사람들은 손대지 마"라면서 다들 프라이드가 대단했었는데 어느 것이 내 작품인지 확인이 안 되니 내 것 찾는 일을 포기하고 나중에는 다같이 달려들어 호호 불면서 먹었다.

그때의 손맛은 잊혀지지 않는다. 이스트에 팽창된 부드러운 반죽이 두 손 안에서 요리조리 변형을 거듭하다가 때로는 나누어지다 다시 합쳐지고 주름이 펴졌다 말짱하게 매끄러워지다를 반복했다. 얼굴과 몸통을 함께 만들다가 서로 떨어져 버리면 다시 붙이고 네 다리 모양을 다시 잘 잡아 주고 다시 얼굴을 이리저리 홈을 내면서 매만지고, 귀까지 붙이고 마지막에 강아지 꼬리를 가늘게 손을 비벼 만들어 주면 영낙없이 꼬리 치고 멍멍멍 할 것만 같았다.

비록 형태도 조야하고 빵집에서 사온 맛과는 천양지차로 빵이라기보다 떡에 가까운 텁텁함이 있었지만 그래도 내 품이 들었기 때문에 소중했다. '내가 할 거야'를 입에 달고 살았고 하고 싶은 것이 그리도 많았고, 매사에 주도성을 고집했던 시기의 한 단편이다. 다른 친구들은 선생님이면 선생님, 간호원이면 간호원 식으로 장래의 꿈을 하나씩 이야기할 때 나는 너무나 하고 싶은 일과 직업이 많아서 어느 하나를 선택할 수 없고 어느 하나도 버릴 수 없는 고통에 눈물을 흘렸다. 맘만 먹으면 뭐라도 될 것 같던 시기를 지나 내 맘이 무엇인지 잘 들여다보이지 않는 때가 오니 단순하고 욕심 많던 그러나 투명했던 어린 시절이 몹시 그리워진다.

지금 내가 내 맘대로 할 수 있는 일이 얼마나 있을까? 내 맘대로 해도 그것이 주변에 상처를 주지 않게 되는 그런 때는 언제일까? 그네를 타고서 높은 허공을 가를 때처럼 가슴이 맘껏 부풀어올랐던 순간들과 다시 마주할 수 있을까?

누가 그것을 몰라도 좋았고 몰라주어도 좋았던 상태, 좋은 말로 하면 자기 효능감이고, 비판적으로 보면 자아도취일 그런 상태는 내가 내 삶을 주도적으로 이끌고 있다는 표지일 터이다.

요즘에는 어느 누구도 리더가 재주와 능력을 타고난 사람이라고 생각하지 않는다. 리더란 스스로를 만들어 간 사람, 자신의 효능감을 일 속에서 체험하는 사람, 사회적 성공 여부를 떠나 자기를 존중할 수 있는 사람으로 본다. 결국 타인의 의지가 아니라 자기가 원하고 선택하여 자기의 무늬가 있는 삶으로 만들어 가는 것이 중요하다는 뜻이다. 리더십 실천에서도 셀프의 시대가 도래한 것이다.

새로운 일을 기획하는 것은 결코 편한 일이 아니다. 사고방식이나 일처리 방식에서 익숙해진 것들과 결별을 해야 한다. 일을 독불장군 식으로 할 수는 없으니 타인과의 협상과 갈등 해소를 밥 먹듯이 해야 한다. 그래서 생기는 것이 감정의 찌꺼기들이다. 셀프 리더십에는 이 감정의 배설물조차 자기 손으로 해결할 수 있는 능력과 기술을 훈련하는 것도 포함되어야 한다.

소위 정서적 노동이라 불린 감정 정리는 그간 힘없는

자들이 전담해 왔다. 밖에서 무슨 일이 있었는지 모르지만 아버지가 인상 쓰고 들어오면 어머니가 안절부절못하고 안색을 살핀다. 그 선에서 해결이 안 되면 자식들 나이 순서대로 불편한 마음 떠넘기기가 이어지다가 강아지의 깨갱 소리로 끝나지 않는가. 애먼 강아지 걷어차지 말고 샌드백을 걸어둘 일이다.

회사에서도 마찬가지다. 상급자는 하급자에게 감정 청소를 전가하고 불같이 화를 내면서도 자기는 뒤끝이 없는 사람이라며 툴툴 털어버린다. 그걸 고스란히 받은 사람은 어떻게 하라고. "매맞은 사람은 두 다리 뻗고 자고, 때린 사람은 편히 못 잔다"는 말이 이 경우에는 해당되지 않는다. 회사 휴게실에 두더지잡기 시설을 설치하면 좋겠다.

고객과의 관계에서도 마찬가지다. 고객만족을 넘어 고객감동을 주어야 한다면서 친절의 이름으로 강제되는 노동들이 쏟아진다. 어느 항공사에서는 기내에서 괴팍하고 무례하게 구는 고객을 만나면 그대로 대응하지 말고 "저 사람 와이프가 중병에 걸렸나 보다"라고 생각하라는 정신교육을 한다. 매장으로 파견 나온 여성 노동자는 말도 되지 않는 고객의 요구에 절절매다 시말서 쓰고 결국 제품 상자 가득 차 있는 계단에 몸을 숨긴 채 울음을 터뜨릴 수밖에 없다. 24시간 강요된 스마일에 굳은 안면 근육을 풀어줄 체조 시간이라도 마련해 주든가.

건강한 자신감을 유지할 수 있는 셀프 리더십이 없는 사람은 다른 사람을 위압적으로 대하기 쉽다. 직급의 차이가 존재의 위계가 아닐진대 소위 높은 사람들은 자기 아랫사람들에게 호통치고 성질 부리고 공포감 조성하면서 그럴 만한 위치니까 그런다고 한다. 하급자는 회사에 속한 사람이지 상급자 개인에게 소속된 자가 아니다. 그런데도 자신의 삶을 주도적으로 꾸려가지 못하는 아랫사람은 윗사람에게 터무니없이 의지하기 쉽다. 자존감을 버리고 감정 처리 대행업자가 되어도 의존 상태를 유지하는 것이다.

식물은 윗식물 아랫식물 할 것 없이 배설물이 없다. 각자 자기 자리에서 자기 방식대로 영양을 섭취하고 몸 안에서 에너지를 순환시키는데 그런데도 찌꺼기로 나오는 게 하나도 없다. 다들 고수의 반열에 올라 있다.

식물보다 아랫길이 동물이다. 이들은 비록 배설물을 남기지만 고양이처럼 자기 스스로 정리를 하거나 혹은 똑 떨어지게 변을 봄으로써 다른 동물이 자기 뒤처리를 하게 하지는 않는다. 요즘 애완동물은 사람들이 버릇을 잘못 들여 이들의 자립심을 손상시키고 있다.

이 점에서 인간은 동물보다 한참 떨어진다. 이들은 불완전 연소 상태에 많이 노출되어 깨끗한 변을 보기 어려울 때가 많다. 휴지 없으면 해결할 수 없고 물도 많이 쓴다. 심지어 자기 변까지 남에게 닦을 것을 강요하는 정서적 무능력자들을 포함하면 이중 삼중으로 덜떨어진 존재가 아닌가.

파키라 돈오돈수 어게인

생의 에너지를 집중하여 꽃 피우고 열매 맺어
탁 하고 터뜨린 축제의 날,
파키라에게 돈오돈수는 그렇게 그 찰나에 왔던 것이 아닐까.

문: 집에서 한 12년 정도 키운 파키라에 얼마 전 꽃이 피더니 그 자리에 열매가 생겼어요. 열매는 꼭 둥근 애호박 같구요. 원래 열매가 맺히는 식물인지 아니라면 이 열매는 어떻게 생기게 된 건지 알 수 있을까요? 설명 좀 부탁드립니다.

답: 파키라(Pachira)는 자생지에서는 과일나무입니다. 열매 때문에 물밤나무라고도 부르는데 열대 남미가 고향으로 거기서는 키가 20~30m까지 자라는 나무입니다. 식물원에서는 여름에 꽃을 볼 수 있다고 해요. 가정에서 화분에 기를 경우 꽃이나 열매를 보기 힘든데 정성스레 잘 키우신 모양이죠. 꽃은 아주 화려하고 열매는 식용으로도 쓴답니다. 축하드립니

다. (인터넷 포털사이트 안 '지식을 교환하는 곳들'에서 따와 종합함.)

파키라는 우산살처럼 시원하게 퍼지는 잎 덕분에 사랑받는 식물로 주로 거실에서 키운다. 보통 원산지에서 기둥을 자르고 잔뿌리를 제거한 후 들여와서 순이 나면 유통시킨다고 한다. 몸집이 큰 반면 잎은 연하고 줄기는 가늘고 엷은 녹색이라서 귀엽다. 거실이 크고 별 물건들이 없어 시야가 트인다면 포인트가 될 만한데 나는 안 그래도 좁은 곳에서 주눅들까 봐 들여놓지 않았다. 또 줄기가 어릴 때 여러 겹으로 꼬아 자라게 한 아기 파키라도 여기저기서 눈에 띄었지만 나는 그 모습들이 좀 안돼 보여 들여놓지 않았다. 이래저래 파키라는 '언젠가'로 미뤄 두었는데 재작년 여름 후배가 힘들게 들고 온 화분 때문에 상황이 바뀌었다.

후배는 우리 집에 파키라가 없는 것을 보고 자기 집에서 가져다 준 것이다. 그 화분 안에는 세 그루가 함께 자라고 있었다. 안 그래도 식물이 갈수록 많아지고 또 그냥 있는 게 아니라 점점 커갈수록 공간 부족에 시달리게 될 것이 뻔한 상태였다. 내가 맨 먼저 물어본 것은 겨울 추위에 강한지, 키우기 어렵지 않은지 그런 현실적이고 소소한 점들이었다. 후배는 별 난방도 되지 않는 베란다에서 아무 문제없이 쑥쑥 잘 큰다며 나를 안심시켰다. 베란다 맨 안쪽에 겨우 자리를 마련해서 놓아두었다. 그중 꼬맹이 한 그루가 롱다리들의 등쌀에 시달리고 있어서 따로 분가를 시켜 가까이 두었다. 나는 같은 종류의 식물의 경우 분갈이를 하고 나면 가능한 한 서로 옆에 놔두려 한다. 어떤 근거가 있는 것은 아니고 그냥 유유상종으로 모여 있는 것이 좋을 것 같아서다.

베란다에서 두 번의 겨울을 무사히 보냈으니 이젠 안심이다. 벌레가 좀 끼어 계속 잡아 주긴 하지만 크게 잔손질을 필요로 하는 것 같지는 않다. 보통 꽃집에서 보는 튼실한 몸통을 지니지 못해서 좀 안쓰러워 보이지만 조금 더 키우다가 줄기를 잘라주면 몸 불리기를 할 수 있을 것이다. 그냥 놔두면 비쩍 마른 채로 천정까지 커버린다고 하니 그리 되면 볼품도 없으려니와 생육에도 지장을 받을 것이다.

얘네들은 직접 씨를 뿌려 번식시킨 것, 요즘 말로 하면 체세포 복제가 아니라 생식세포 복제를 한 셈이다. 우리 파키라의 엄마를 보려고 얼마 전에 나는 후배와 이제는 후배의 친정이 된 그 집을 찾았다. 파키라 엄마는 어찌 보면 암팡진 것 같으면서도 기실은 세월따라 굵어진 허리통에 아랑곳하지 않는 모습, 그저 무념무상한 표정으로 서 있었다. 그 옆에는 우리집 파키라와 남매지간일 새끼들을 거느리고, 그 사이 분갈이를 못해 주어 몸통이 화분을 거의 집어삼켜 고통스러울 만도 한데 무심하게 그렇게 서 있었다.

후배네가 십수년 전 지금 아파트로 이사왔을 때 큰 파키라 화분을 선물로 받았단다. 그 가족들이 식물에 대단히 신경을 쓰는 것도 아니었고 때 되면 물 주고 가끔 잊어버리기도 하고, 겨울에도 거실로 옮겨놓지도 않고 그냥 베란다에 둔 채 한마디로 무심한 나날이었단다. 그런데 몇 년 전 어느 날 다른 식구들은 다 밖으로 나가고 어머니 혼자서 굉음을 들으셨다. 뭔가 퍽 하는 소리에 베란다 쪽으로 가보니 파키라 열매통이 정확히 4등분으로 깨끗이 나뉘어진 채 밤톨 같은 알이 스무 개도 넘게 나왔단다. 파종해서 어린 나무가 되자 딸네, 아들네, 딸 선배네 이렇게 분양하셨던 것이다. 주변에서는 파키라 키워서 열매 나왔다는 말을 들어본 적이 없다면서 참으로 신기한 일이라고들 했단다.

자료를 찾아보니 원산지에서는 아파트 10층 높이까지

자란다니 당연히 꽃 피우고 열매 맺고 또 식용으로 쓰는 견과류 식물인 모양이다. 그런데 일산의 아파트 환경에서 그것도 화분에서 키워 열매를 보았으니 어떻게 그런 일이 가능했을까? 꽃가루받이는 어떻게 일어난 것일까?

탐정이 된 심정으로 추리를 해보았다. 한약재 달여 먹고 나온 찌꺼기를 가끔 주셨다고 하는데 그것으로 영양보충이 된 것일까, 잘 크라고 안달복달 애면글면하지 않았던 것이 오히려 효과적이었던 것일까, 비좁은 집에 방치해 두었으니 파키라가 스트레스를 잔뜩 받아 씨라도 남겨야겠다는 각오로 생명 의지에 불을 질렀던 것일까. 확인할 수 없다.

하지만 마음 넉넉하여 주위 사람 편안하게 해주는 후배를 보면 그 어머니의 그 딸일 테니 어머니의 평상심이 파키라에게 좋은 환경을 만들어 준 것이 아닐까 그런 생각에 이르렀다. 생의 에너지를 집중하여 꽃 피우고 열매 맺어 탁하고 터뜨린 축제의 날, 파키라에게 돈오돈수는 그렇게 그 찰나에 왔던 것이 아닐까. 생산된 어린 씨앗에서 이제는 후대를 재생산할 수 있는 몸으로 성장하면서 형상이 몇 번 바뀌는 동안 그 불연속의 지점들을 자연스레 통과해 간 그 체험 이상의 어떤 깨달음이 있을 것인가.

우리에게도 일상으로 하는 일들이 있고 그 사이사이에 시간이 딱 멈춘 듯 설명할 수 없는 지점이 있다. 의식의 과녁 정중앙을 맞춘 느낌이라고 할지, 그 이전의 내가 더 이상 아닌 게 명증해지는 그런 파국과 창조가 딱 맞붙은 순간의 느낌들. 새 싹이 흙을 밀어올리면서 고개를 드는 순간, 우리 귀로는 포착되지 않을 소란스러움이 끝나고 이어지는 고요함. 두꺼운 껍질을 머리로 받으며 균열을 내고 밖으로 뛰쳐나올 때 불협화음은 어느 새 적막함에게 자리를 내준다.

몸도 고단하고 마음도 바쁘게 사는 지금은 "아, 그거였구나"를 되뇌게 할 순간들이 자꾸만 없어지는 것 같다. 사람으로 사는 게 이거였구나, 세상은 이렇게 돌아가는 거였구나, 사람들과의 관계는 결국 이런 거였구나, 나는 결국 이런 사람이었구나 식으로 내 의식 안에 돌진해 올 큰 깨달음 대신 자잘한 성찰을 곁에 둘 수만 있어도 여유가 있다는 말을 듣는다.

일상이 전쟁 같고, 휴식도 전투 같은 생의 갈피에서 그나마 모든 잡념들이 소실점을 향해 사라지고 흰 화면만 남게 되는 한 컷은 참 다양한 얼굴을 가졌다. 나처럼 날마다 하는 시트콤 애청자에겐 T.V. 참선의 모습으로 거침없이 오기도 하고, 내 친구들의 경우엔 4구(당구) 참선의 형태를 띠기도 하는 것 같다. 어떤 후배는 어쩌다 골프채로 공을 제대로 때려서 허공에 날릴 때 확연히 체감되는 집중의 순간에서 관문을 넘는다.

우리 같은 소시민의 일상 속에 스치듯 지나가는 의미와 무의미의 경계. 나로서는 확인할 수 없고, 엄마 파키라로서는 확인해 줄 수 없는 그 비밀을 푸는 열쇠는 우리 집의 파키라 '어게인'에게 온전히 남겨져 있다. 다시 재현될 돈오돈수의 순간이여 어게인.

식물과 더불어 사람의 길을 내다

말의 씨, 가시, 꽃, 열매

우리의 말도 향기롭게 우아하게 새초롬하게
꽃처럼 피어나 더 이상 가시만으로
자신을 증거하지 않을 수 있기를 바라본다.

나중에 보자는 사람 안 무섭다고? 경험해 보니 그렇다. 그러나 몇 년 몇 월 몇 시에 만나서 다시 싸우자면 그건 진짜 무서울 것이다. 영화 「하이 눈」에서 보면 악당들이 복수를 예고한 낮 12시가 점점 다가와 15분 전이 되고, 5분 전이 될 때 주민들이 얼마나 벌벌 떠는가. 사정이 좋아지면 곧 갚는다면서 빌려간 돈은 구속력이 없다. 그러나 채무 만기일은 정해진 시간에 어김없이 돌아오고 그걸 어기면 즉각적으로 시달림을 당한다.

친구와 헤어질 때도 마찬가지다. "우리 다음에 연락해서 또 보자"라는 말은 거의 성사되지 않는다. 꼭 만나야 할 사이거든 수첩을 꺼내들고 연월일시 사주를 기록할 일이다. 그 날은 멀리 잡아 놓더라도 어느 새 꼭 온다. 정기적인 모임은 일 년에 한 번이건 혹은 한 계절이나 한 달에 한 번이건 참 빨리도 돌아오는 느낌을 준다.

나는 친구들에게 어떤 일을 간절히 원하면 날을 잡으라고 권한다. 예전 연구실 벽 어딘가에 "~는 모년 모월에 결혼해 있을 거다"라는 맹세를 써놓은 친구의 바람은 그대로 성사되었다. 우리 집 거실 벽 한쪽에는 "아무개 2007년 11월 박사심사받음"이라고 내가 축복삼아 써놓은 글귀가 있다. 그때가 되면 그 친구에게 그 일이 일어날 것으로 믿었다. 보통 말이 씨가 된다고 하는데 '구체적인 말이 씨가 된다'가 더 맞다.

우리는 언젠가는 죽으니 "당신은 죽을 거예요"라는 말은 별로 심각하게 받아들이지 않는다. 그러나 시한부 인생의 판정을 받는 경우 참 희한하게도 그 때에 근접한 시점에서 간다고 한다. 의학적인 자료에 의한 예측이 맞아떨어진 것이라고도 볼 수 있겠지만 그 말이 씨가 되어 마음의 준비를 시킨 게 아닌가 생각한다.

"제 소원은 행복하게 사는 거예요. 저는 언제 행복해질 수 있어요?" 식의 말에는 아무리 영험한 도사라도 도움을 줄 수 없다. 당신이 삶의 행복이라 느낄 수 있는 상태가 구체적으로 무엇인지 특정하여 몇 가지로 적시해야 한다. 행복 자체라는 말은 추상적 차원에 속하므로 누구도 거기에 도달할 수 없을 것이다. 단지 몇 가지 조건이면 자신이 행복할 것이라고 간주하는 것뿐이다.

대학교 때 동아리하면서 만난 친구들에게 나는 "우리는 30년 후에도 만나고 있을 거다"라고 말했다. 그 말대로 지금도 여전히 우리들은 만난다. 조만간 30년을 더 연장해야 할 것 같다. 그 후에 인연을 맺은 사람은 만난 시점에서 차이가 날 뿐 마찬가지로 30년은 더 만날 것이라고 생각한다.

사람 관계는 시간이 흐를수록 더 두터워지는 의미층을 가진다. 여기에서 따온 듯 여성의 경우에 나이 들어 삭았다고 타박하지 않을 사람, 오히려 시간의 가치를 평가하는 데 전문인 고고학자나 골동품상과 결혼하는 게 최고의 전략이라는 우스개도 있다.

말의 씨들은 훨훨 날아다니기도 잘 한다. 남들이 써놓은 책을 읽으면서 그거 나도 생각했던 건데 하는 순간이 많다. 아마 공기 중에 무궁무진한 정보들이 떠다니나 보다. 그걸 재빨리 순발력있게 움켜쥐어 써내면 우리의 말이 내

글이 되고, 소소하게 내 작품들이 되는 것이 아닐까. 우리가 어떤 글귀에, 이야기에 공감할 수 있다는 것 자체가 공유하는 기반이 있는 것이다. 그러니 동시대인의 생각들과 비슷한 경험들이 마구 뒤엉켜 돌아다니는 세상에서 카피라잇(copyright)이란 참으로 협소한 권리 주장일 수 있겠다.

말의 씨가 혹한의 고통을 겪으면 말의 가시가 된다. 꼭 그렇게밖에 말을 못하나 싶게 같은 말이라도 남의 마음을 비수처럼 찌르는 사람들이 있다. 가시가 무성한 식물이 생존을 위해서 그런 것처럼 인간의 가시 돋힌 말 또한 그런 거라고 이해하고 그 가시가 불가피했던 상황이나 조건 자체를 없앨 수 있게끔 서로 돕는 일이 가능할까? 남의 눈에 가시는 보면서 내 눈의 들보는 보지 못한 경험을 아프게 성찰하면서 서로서로 가시를 빼주는 일이 생길 수 있을까?

육종학자인 버뱅크(Luther Burbank)는 가시 없는 선인장을 만들어내는 실험 도중에 "너는 아무것도 두려워할 것이 없어. 그러니 방어를 위한 가시도 필요 없는 거야. 내가 너를 지켜주면 되잖니"라고 말을 걸었다 한다. 그랬더니 그 사막의 식물은 점차 가시가 없는 변종으로 나타나게 되었다는 신비한 일화가 전해진다.

꽃기린은 거의 일 년 열두 달 깜찍한 작은 꽃들을 매달고 산다. 키우는 데 품도 안 들고 새끼도 잘 치는 데다가 빨강, 꽃분홍, 사과꽃 색깔 등 다양한 색상이 보는 즐거움을 준다. 선인장 종류라서 가시가 많으니 손질할 때면 잘못해서 가시에 찔리기도 하는데 그렇다고 미운 생각은 안 든다. 분갈이할 때 손을 보호하기 위해 목장갑을 끼면 된다.

그런가 하면 게발선인장은 명색이 선인장인데 가시가 없고 단지 잎 가장자리에 가시가 퇴화된 것으로 보이는 부분이 있다. 사막의 장미라는 별칭을 갖는 석화의 경우에도 가시의 흔적인 듯 몸통이나 줄기에 까실까실한 부분이 남아 있다. 선인장에 해를 끼치는 행위를 하지 않고 예뻐하는 마음을 지속적으로 쏟아부으면 화훼종의 경우에 가시를 약화시키는 형질이 대를 이어 유전되는 것은 아닌가 하는 생각을 하지만 어디까지나 문외한의 추론이니 식물학자들이 답을 좀 해주면 좋겠다.

빽빽한 가시들 사이로 화려한 색상의 큰 꽃들을 피워내는 보통의 선인장들을 보면서 우리의 말도 향기롭게 우아하게 새초롬하게 꽃처럼 피어나 더 이상 가시만으로 자신을 증거하지 않을 수 있기를 바라본다. 남을 두렵게 만듦으로써 소기의 성과를 얻는다 한들 그렇게 만들어진 관계는 평온하지 않다.

서로 불가피하게 남의 의견을 비판할 때라도 인격적으로는 비난하지 않는 태도 속에서 말 속의 가시가 사라질 수 있다. 더 나아가 비판보다는 공감을 훈련하는 과정 속에서 말의 가시가 말의 꽃으로 전화되게 할 수도 있다. 어쩌면 우리는 새로운 관계적 감수성 속에서 아름다운 말, 향기로운 말, 앙증맞은 말, 새초롬한 말의 꽃을 피우고자 하는 게 아닐까.

헌데 나는 아직 식물의 꽃과 씨도 제대로 구별하지 못한다. 테이블야자에서 생긴 노란 알들이 하나 둘 떨어지자 씨라고 짐작하여 배양 그릇에 담가 놓았다가 한참 후에 꽃이란 걸 알고서 실소를 금치 못했다. 사랑초에도 꽃이 질 때쯤 뭔가 작은 볍씨 같은 게 보이길래 혹시 싹이 틀 수 있는 부분인가 싶어 한동안 물 속에 넣어 두었다가 버린 적도 있다.

말의 씨, 말의 가시, 꽃, 열매, 뿌리에 대한 상상력을 더 발휘함으로써 우리의 언어 세상을 새롭게 구성해 볼 수 있으리라는 희망을 품어 보지만 그 밑천이 될 경험은 이제 걸음마 단계이다.

식물과 더불어 사람의 길을 내다

다행히 산은 거목 한 그루가 자원을 독점할 수는 없게 되어 있다.
서로 다른 다양한 수종들이 어울려 아름다운 숲이 되고
고도에 따라 그 산이 품고 있는 수종들이 다양하게 분포한다.

여러 나무들이 숲을 이룬 곳을 찾아가 돗자리 펴놓고 큰 대자로 누워 보자. 올려다보는 둥근 하늘에는 빈 곳이 거의 없다. 나무들이 서로 한 뼘이라도 더 높이 햇빛 받는 쪽으로 자라다 보니 여러 종류의 나뭇잎들이 서로 겹치지 않게 돔을 이루고 있다. 이런 모습을 혹자는 '식물의 경제'라고 말하기도 한다. 기후가 서늘하고 일조량이 적은 침엽수림대에서 볼 수 있는 큰 나무들은 특히나 인상적이다. 고층 아파트로 쳤을 때 최대 3, 40층까지 자랄 수 있다는 메타세콰이어들은 줄지어서 서로 어깨를 비비며 경쟁한다.

큰 나무가 옆으로 퍼지기까지 해서 햇빛을 독점하면 다

른 나무들은 죽을 맛일 거다. 그러니 "사람은 키 큰 덕을 입어도 나무는 키 큰 덕을 못 입는다"는 속담이 생겼다. 그렇다면 "소나무가 무성하면 잣나무도 기뻐한다〔松茂栢悅〕"는 말을 무조건적으로 받아들이기는 어렵다. 그저 고만고만하게 커갈 때는 누가 조금 앞장서 가도 시새워하는 마음이 별로 없지만 누군가 우뚝 서서 자기가 그 그늘 밑에 들어가게 되면 당장 불이익이 올 것이 아닌가. 거목은 음지식물과는 상생할 수 있지만 자기들끼리는 상쟁 관계에 놓인다.

다행히 산은 거목 한 그루가 자원을 독점할 수는 없게 되어 있다. 서로 다른 다양한 수종들이 어울려 아름다운 숲이 되고 고도에 따라 그 산이 품고 있는 수종들이 다양하게 분포한다. 땅의 속살은 여러 생명체의 자양분이 되고 땅의 표면은 식물들이 함께 살아가는 터전이자 운동장이다. 오솔길에는 '이름 없는' 산꽃 · 들꽃이 아니라 '이름을 몰라서 미안한' 그것들이 지천으로 피어난다. '더불어 아리랑'이지 '홀로 아리랑'일 수 없는 세상, 그래서 산은 인간의 모듬살이를 성찰하게 하는 스승이다. 우리가 산을 닮으면서 커간다면 장엄한 산세의 호연지기뿐만 아니라 속정 깊게

뭇 생명들을 아우르는 그 넉넉한 품까지도 체화할 수 있으리라 믿는다.

"수양산 그늘이 강동 팔십리를 간다" 지만 내가 누군가에게 그늘이 되는 것은 이중적 효과를 낸다. 휴식이 필요한 사람에게는 좋은 명당 자리를 제공하는 셈이 되지만, 햇빛 받고 쑥 커나가야 할 사람에게는 그 그늘이 장애가 된다.

선대가 너무 큰 인물로 활약하게 되면 세상은 자식농사에 대해 이러쿵저러쿵 비교하기 마련이어서 후손들은 음으로 양으로 힘들어진다. 말하기 좋아하는 사람들이 좋은 뜻으로 높은 기대치를 갖고 그럴 수도 있지만 항상 비교당하며 성장해야 하는 사람들이 받는 압력을 헤아리지 못하는 무심함 때문일 수도 있다.

산길을 혼자 걸어가며 또 친구와 같이 가면서 이런저런 생각을 나누어 보는 기회가 얼마나 소중한지 느끼는 사람은 가까운 사람들도 그런 경험을 함께하길 바란다. 그런데 신선한 공기 마시자며 경관 좋은 곳의 콘도나 펜션을 찾아 천리길 달려가 봐도 아이들이 주변 나무나 숲길, 들판에 눈길을 주기란 쉽지 않은 모양이다. "여기는 인터넷이 없어 게임도 못하고 뭐하고 놀지?" 하면서 심심해하기 일쑤다.

반면에 좀더 의식있는 교육을 하려는 가정들에서는 놀이 기획에 더 분주해지니 이건 느림이 아니라 또 다른 형태의 바쁜 일정의 소화다. 자연 체험 학습의 중요성을 각인당한 아이들은 무리지어 선생님을 따라 갯벌로 들로 산속으로 들어간다. 숲 해설가로 활동한 적이 있는 친구를 얼마 전에 만났더니 안타까운 심정을 피력한다. 자신을 만나자마자 아이들은 이 공부가 언제 끝날 건지를 묻는다 한다. 손에 메모할 수 있는 수첩들을 하나씩 들고 선생님의 말을 받아 적을 준비는 되어 있지만 숲속에서 나무나 덤불들, 낙엽들과 놀 준비는 안 되어 있다는 것이다.

숲이 외우면서 지식을 전달받는 학습의 대상이기만 하면 너무 아쉽다. 자연학습을 잘 하면 논술에 도움이 된다든지 성적이 향상된다든지 하는 직접적 인과의 고리가 있는지도 잘 모르겠다. 하지만 숲에서는 혼자 놀아도 재미있고, 여럿이 무리지어서도 신나는 놀이를 할 수 있으니 리더십 훈련에는 그보다 더 좋은 게 없을 것 같다. 숲속에서 뒹굴면서 만물을 소생시키는 그 생기와 활력을 몸으로 느껴본 아이들은 감수성이 훈련된다. 적막함과 고요함까지도 숲의 정신으로 받아들이는 아이는 내면세계의 충실도가 높다.

지금 우리가 걸어가면서 흙냄새 맡는 산속은 태고의 자연도 아니고 원초적 자연도 아니다. 하지만 도심보다는 공기 맛이 괜찮고 발을 내딛을 때 재미있는 소리들이 들리니 일상의 균질적 경험 세계보다 더 생생하고 다양한 체험의 장소가 된다.

앞으로는 컴퓨터 환경에서 더욱 확장될 가상 현실을 통해 오솔길을 산책하고 암벽을 타고 산새들과 놀 수도 있을 것이다. 벌레에 물리지도 않고 다리도 안 아픈 곳에서 나름대로 쾌적하고 편리한, 또 예측 가능한 그런 표준화된 경험과는 비교할 수 없는 실제 체험의 맛은 직접 맛본 사람만이 알 것이다.

어떤 사람은 히말라야 트레킹을 다녀와서 웃으며 하는 말이 자기랑 말 섞지 말잔다. 해발 8,000미터를 밟아 본 사람과 아닌 사람이 어떻게 동급이냐는 것이다. 티벳에서 7년을 보낸 사람과 나처럼 아파트 8층에서 9년을 산 사람은 또 어떻게 같겠는가.

내 베란다 정원이 참 옹색한 식물나라인 것은 분명하다. 규모나 질적인 차원에서 숲, 고원과는 한참 떨어진다. 하다못해 한뼘짜리 텃밭이나 정원과도 비교할 수 없을 정도로 한계가 분명한 공간이다. 종달새도 호랑나비도 잠자리도 살 수 없는 척박한 환경이다. 그렇지만 의지가지없는 도시인에겐 여기에서나마 잠시 쉬어가면서 조금 더 길게 호흡할 수 있는 곳이니 나의 장소애(場所愛)의 주 대상으로 손색이 없다. 고슴도치도 제 새끼 귀엽다는데 누가 나보고 뭐라 할 것인가. 또 웃긴다고 한들 그게 뭐 대수일 건가.

너도 반골?

테두리쳐 놓은 그 선 안에 너는 결코 머무르지 않지.
기존의 질서가 주는 안정성보다
새로운 곳에서의 도전과 위험이 너에게 더 어울려.

정확하게 말해서 2006년 3월 24일에 구파발 쪽 한 농원에 가서 마다가스카르자스민을 사왔다. 자스민은 플라스틱으로 만든 걸이용 하얀 화분에 담겨 있었다. 그때는 향기가 진한 꽃나무에 마음이 기울었던 시기여서 크고 하얗고 단단한 꽃송이가 벌어지면서 뿜어낼 향기를 상상만 해도 좋았다.

어디에다 놓을까 뜸을 들였다. 걸어 놓는 게 좋을까, 그냥 바닥에 놓을까, 거실에 둘까, 베란다에 둘까 마음을 정하지 못했다. 그러다가 넝쿨과 줄기들이 너무 무성한데 현재 화분에서는 통풍도 제대로 되지 않을 것 같았다. 눈으로는 텔레비전을 보면서도 머릿속은 복잡했다. 뭔가를 해야 하는데 하다가 만수산 드렁칡처럼 얽히고설킨 그 줄기들을 해방시키기로 작정했다. 평소에 인내심 훈련한답시고 얽힌 실타래나 배배 꼬인 마이크 줄 푸는 연습은 꽤 했던 터이니까 주저할 이유가 없었다.

그때가 9시 뉴스 끝날 즈음, 평상시라면 잠자리에 들 시간이었지만 일에 착수했다. 화분은 세 줄기의 지지대가 위로 모여 걸이 부분에 집결해 있는 식으로 된 평범한 것이었다. 자스민을 꺼내서 새 집에 살게 하고 빈 화분에는 스킨을 심으면 좋을 것 같았다.

화분에서 식물을 잘 꺼내는 일이 그렇게 어려울 줄 몰랐다. 줄기를 조심조심해가며 지지대 사이로 빼내야 하는데 줄기가 단선으로 된 것이 아니고 줄기 사이사이에 또 다른 줄기들이 양쪽으로 가로로 뻗어 있었다. 이쪽 줄기를 꺼내면 저쪽 줄기가 안 나오고, 무리해서 잡아당겼다가는 끊어지게 생겼다. 한창 새순이 돋아나는 상태여서 여차하면 여린 싹들에게 상처를 입히고 나도 모르게 싹이 바닥에 떨어져 있는 것을 봐야 하는 어려운 지경에 빠졌다.

별 진전 없이 땀만 삐질삐질 배어나왔다. 나는 백기투

항식으로 벌러덩하고 나자빠졌다. 단선도 아니고 복선도 아니고 교차선 줄기를 가진 식물이라니, 난생 처음 보는 그 줄기 모양에 기가 막혔다. 무식하기에 용감하게 덤빌 수 있었다는 것을 아프게 확인했지만 어떻게 할 것인가. 결자도 아니면서 해지해야 하는 이 짓을 어떻게 더 계속해야 하는 것인가.

시간은 흐르고 흘러 밤 12시가 되었다. 진도는 3분의 1 정도에서 멈추어 있었다. 특단의 조치로 가위를 들고 플라스틱 지지대를 자르기 시작했다. 더 이상 화분을 온전하게 건지는 게 문제가 아니었다. 다 자르고 나서도 자스민의 줄기를 제대로 펴줄 때까지 한참이나 더 시간이 걸렸다. 애당초 마음에 두었던 화분에 담고 보니 줄기들이 흘러내려 중심을 못 잡고 자꾸만 엎어지는데 그냥 대충 봉합하였다. 어느새 두세 시쯤이었을 것이다. 내가 평소 일찍 자기 때문에 나를 아는 사람들은 9시가 넘으면 전화도 잘 못하고 어쩌다 모임이 있어 귀가 시간이 늦어지면 "우리 신데렐라 잠자리에 드셔야 하는 시간이 넘었는데 어쩌나" 하는 농담도 듣는 터라 나로서는 탈진할 지경이었다.

다음날 새벽 눈뜨자마자 자스민을 살펴보니 한참 더 손

길을 필요로 하는 상태였다. 우리 집에는 우렁각시가 살고 있지 않았다. 서로 얽혀 화분 안에 소복이 잘 담겨 있다가 줄기가 다 풀어헤쳐진 상태가 되었으니 화분에 새로 지지대를 해주든가 아니면 줄을 타고 올라갈 수 있게 해주어야 했다. 노끈을 찾아서 줄을 꼬기 시작했다. 두세 가닥을 만들어 거실 벽 쪽으로 줄을 쳐놓고 자스민 줄기가 그 줄에 간신히 매달리게 해두었다. 제발 그 줄을 타고 잘 뻗어 나가기만을 바라면서 일을 마감했다.

넝쿨식물이 줄을 휘감고 가는 방식에도 나름대로 소신이 있는가 보았다. 오른쪽으로 감기는 성향이 있는지 왼쪽으로 감아 놓으면 다시 풀어져 있고 내가 원했던 식으로 잘 안 따라왔다. 줄도 없는 벽 쪽을 향해 행진하는가 하면 기껏 잘 나가나 했더니 줄기 끝부분이 말라가기 시작했다. 나도 할 만큼 했고 지칠 만큼 지쳤다는 생각에 한동안 그냥 방치했다. 그 결과 한두 달 새 그 많던 잎이 누렇게 되어 떨어지고 그 잎들을 치우는 게 내 일과가 되었다. 나는 나대로 완전 KO패였고 자스민은 자스민대로 힘에 부쳐 향기로운 꽃송이는커녕 푸르른 잎조차 별로 남지 않게 되었다.

초겨울에 거실 벽의 줄들을 철거했다. 아열대식물이라

따뜻한 게 더 좋을 것 같아 거실에 두었었는데 얘는 온기보다는 햇빛과 바람이 더 중요했던 것이 아닌가 생각되었다. "네가 베란다에서 월동할 수 있다는 것을 보여줘" 하면서 화분을 베란다로 옮겼다. 그리고 "더 이상 너의 진로에 대해 이러쿵저러쿵 말하지 않겠어"라고 약조한 후 지지대를 꽂아 주고 지지대 위에는 줄을 매달아 베란다 천정 가까이까지 연결해 주었다. 깍지벌레까지 창궐하여 그 찐득한 배설물로 도배를 해도 모른 척했다.

그렇게 겨울이 갔다. 그리고 우리 자스민은 아무 변화 없이 겨울잠을 잤다. 봄이 오는 걸 맨 처음 알아채는 것은 몸이다. 2월의 어느 토요일 오후 화원이나 식물원에 가고 싶어 몸이 근질근질해질 때쯤 그 시간대에 출발하면 차가 너무 막힐 것 같아 어쩌지 못하고 베란다에 앉아 자스민을 바라보았다. 그 나마 명맥을 유지하던 잎과 줄기 사이로 새순이 트려는 기운이 느껴졌다. 사람으로 치면 양쪽 겨드랑이에서 날개가 돋는 것처럼 뭔가가 꿈틀거렸다. 대각선으로 뻗어나갈 새 잎, 새 줄기의 맹아였다. 살아 있었구나. 생존을 해냈구나.

바람 쐬러 가는 걸 포기하고 잎들을 하나하나 씻기 시

작했다. 벌레를 한바탕 잡아 주었다. 그리고 다시 놔두었다. 한쪽 길이 막히면 다른 길이 있다는 듯이 말라버린 줄기 끝이 아니라 생생한 줄기 중간에서 새 줄기가 자라기 시작했다. 3월이 되고 4월이 되니 그 줄기가 베란다 천정에 매달린 건조대까지 뻗어 나갔다. 내가 보조 지지대를 올려 주었는데 그 노선대로 가지 않고 제멋대로 행진했다. 내 손으로 벌레 잡아 줄 수 있는 보호 지역을 이미 이탈해 버렸다.

그래, 너도 '반골'인 걸 이제는 안다. 테두리쳐 놓은 그 선 안에 너는 결코 머무르지 않지. 기존의 질서가 주는 안정성보다 새로운 곳에서의 도전과 위험이 너에게 더 어울려. 벌레를 이겨낼 힘이 있으면 살아남을 거고, 벌레에 먹힌대도 후회하지 않겠지. 니 마음이 시키는 길로 가라. 니 마음이 동할 때 꽃을 피워 주면 좋고.

사고 또 사고

초록이 동색이라고? 천만의 말씀이다.
잎의 느낌은 같은 초록 안에서도 천차만별이다.
농담과 채도와 색상의 차이가 만화경을 만들어낸다.

멀쩡한 다년초를 한달초로 만드는 사람이 있는가 하면, 일년초를 장수 식물로 만드는 사람도 있다. 일전에 꽃집에 들렀는데 몇 길 건너 거리에서 주인 아주머니 말씀이 들린다. "저는 잘 안 죽이고 잘 키우는 사람 싫어요." 아마 초화를 새로 사고 싶은데 또 죽일까 봐 걱정이라는 손님의 말에 대꾸한 것인가 보았다. 곰곰이 생각할수록 그 주인의 말은 틀림없이 틀린 것이다. 너무 짧은 장삿속에서 나온 말이다.

자기 집에서 뭔가가 자꾸 죽어 나가는 경험을 하면 여간해서 새로 키우기가 두려워지는 것이 인지상정이다. 자기가 잘 보살펴주지 못해서 죽었다는 죄책감 때문이다. 역으로 키우는 재미가 딱 들린 사람들은 화초를 사고 또 산다. 키우는 공간이 부족하다 싶어지면 좀 키워서 자리잡혔을 때 친한 사람들에게 나누어 줄 수 있으니 좋고, 집에 왔다 돌아가는 손님의 손에 분 하나 들려 보내는 마음도 부자가 된 것 같으니 좋다.

한 해가 다르게 다양해지는 색상이며 형태가 눈길을 사로잡으니 손이 저절로 간다. 산호수 샀다가 무늬산호수 또 샀다. 안스리움도 처음엔 분홍, 생일 선물로 받은 빨강에 이어서 얼마 전 하양을 들여놓았다. 온도 잘 맞추어 주어서 월동시키기에 자신이 붙은 것이다. 요즘 아프리칸바이올렛은 얼핏 보기에도 꽃 색깔과 모양이 근 열은 되어 보이니 집에 있는 다섯 개에 더하여 자꾸만 구색을 맞추고 싶어진다. 실상 자스민도 아닌데 자스민인 줄 알고 그 향기에 흠뻑 빠졌던 브룬펠시아에 인이 박혀서 오렌지자스민, 마다가스카르자스민도 곁에 두게 되었다.

올봄에는 수선화만 일반종, 미니종, 향기종 세 화분을 구입했다. 지금 자기가 여왕인 듯 자태를 뽐내고 있는 노랑 카라의 구근을 잘 관리해서 내년에도 꽃을 피울 수 있으면 그때는 분홍이나 흰 카라도 기어코 베란다 한 켠에 두고 말

것이란 예감이 든다. 꽃이 피었다가 질 때가 되면 사람 자리 빈 것처럼 허전하다. 다른 종류의 꽃으로 이어 달리기를 시켜서 일 년 내내 끊이지 않게 하고 싶은 욕심에서도 지갑은 계속 열린다.

초록이 동색이라고? 천만의 말씀이다. 잎의 느낌은 같은 초록 안에서도 천차만별이다. 농담과 채도와 색상의 차이가 만화경을 만들어낸다. 그 미세한 다양성이 주는 재미는 겪어보지 않으면 모른다. 베란다 정원에서 한눈에 펼쳐지는 차이의 흐름을 죽 훑을 때 꿈틀거리는 미묘한 감흥은 무엇과도 바꾸지 못할 것이다.

동물을 아무리 좋아해도 일정한 수를 넘기면 아파트 환경에서는 무리가 되지만 식물은 몇십 종이라도 거뜬하게 함께 잘 지낼 수 있다. 개나 고양이 같은 동물은 주인이 한동안 돌봐주지 않으면 침대에 뭔가를 남겨 놓거나, 쿠션을 물어뜯고 집안을 엉망으로 만들어 놓는다든지 하는 식으로 스트레스로 인한 행동들을 한다고 하는데 식물은 그런 점에서 안심해도 좋다.

아무리 재미있는 영화라도 1시간이 넘어가면 슬슬 지루해진다. 듣기 좋은 꽃노래도 세 번이 한계다. 같은 말 하고 또 하는 사람 만나면 도망갈 궁리부터 한다. 이런 내가 몇 시간 같은 일을 하면서도 시간 가는 줄 모르는 일이 화초 키우기인 걸 보면 단단히 붙들린 것 같다.

식물은 음이온을 방출한다, 유독 물질을 제거한다, 공기를 정화시킨다 하는 식으로 우리에게 유용한 기능도 물론 갖고 있다. 우울한 기분이 들 때 흙을 만지고 놀면 도움이 된다는 식의 심리적 기능도 있다 하니 더 좋다. 거기에 진짜로 더 좋은 일은 식물들을 통해서 나의 자아 효능감이 드높아진다는 것이다. 이 친구들이 낯선 환경에 잘 적응하는지를 사계절 지켜보고 더불어 내 집의 식구로 정착해 가는 과정을 도울 수 있는 존재라는 확신이 나의 힘을 북돋우는 계기가 된다.

그렇지만 이 과정에서 사고(事故), 또 사고(事故)가 터진다. 어느 날 밤늦게 퇴근해서 여느 때처럼 베란다를 훽 둘러보는데 바닥에 호야가 나뒹굴고 있었다. 베란다 위에 설치되어 있던 빨래 건조대의 줄 하나가 풀려 거기에 매달아 놓았던 꽤 무거운 호야 화분이 산산조각 난 것이다. 그 아래 위치해 있던 군녀가 바로 직격탄을 맞고 그 두꺼운 잎 몇 장에서는 연두색 눈물이 줄줄 흘러나오고 있었다. 놀랜 마음을 겨우 진정하고 일단 호야 줄기들을 모아 새 화분에 담아 주려고 화분을 찾아보니 그날따라 마땅한 여분이 없었다. 플라스틱 화분에 임시로 담아 놓기는 했지만 제 집을 찾아 또 옮기려면 너무 시달릴 거라는 생각에 미안한 마음이 들었다. 며칠 푹 쉬게 한 후 사기 분에 옮겼는데 다행히도 잘 견뎌 주었다.

또 언젠가 꽤 온도가 올라간 여름날에 일터에 놓아 둔 수국 이파리들이 "날 잡아 잡숴요" 하는 식으로 완전히 축 처져 있는데 돌아가시는 줄 알았다. 꼭 깻잎 같은 잎들이 시들시들해진 모습을 보니 기가 막혔다. 하루나 하루 반 정도 물 주기가 늦어져 일어난 일이었다. 물 수(水)자가 들어가 있듯 워낙 물을 좋아하는 녀석인 줄은 알고 있었지만 그리 빨리 탈수증이 올지는 몰랐다. 큰 대야에 물을 받아 통째로 집어넣었다. 서너 시간 지났을까 마음을 다잡고 뜰에 나가 보니 내가 언제 그랬냐는 듯이 잎이 쌩쌩한 원 상태로 돌아와 있다. 생사의 경계, 그 돌이킬 수 없는 순간 바로 직전에 구사일생한 것이다. 이제는 내공이 좀 생겨서 어쩌다 비슷한 물 부족 증상을 보이더라도 그때만큼 놀라지 않고 수습한다. 해본 가락이 있어서 위기에 대처하는 자세가 한 단계 높아진 것이다.

이래저래 호가 나서 다른 집에서 일어난 사고도 내게로 온다. 어떤 친구는 물을 꼬박꼬박 주었는데도 트리안이 말라간다며 가져오고, 또 다른 친구는 벨벳싱고니움이 시들시들해 간다며 맡기고 간다.

사고(思考), 또 사고(思考)가 시작된다. 원인이 없는 결과는 없다. 하면 트리안은 뿌리나 흙에 문제가 생긴 것이다. 처방은 상한 줄기들과 잎들을 과감하게 정리하고 흙을 새로 갈아주고 영양제를 좀 주는 것이다. 싱고니움의 경우는 잎과 줄기를 잘 관찰해 보니 아주 작은 벌레 알 같은 게 붙어 있어서 생명력을 갉아먹고 있는 것 같다. 이에 대한 대책은 잎을 뒤쪽까지 잘 씻어 주고, 분이 작은 듯 보이니 보너스로 좀더 큰 집으로 옮겨 주는 것이다. 여차저차하여 본의 아니게 이젠 식물 병원장 역할을 하는 셈이니 자아 효능감에 명예의 날개까지 달렸다.

다시 처음으로 돌아가 볼까. 새 화초를 들여와 얼마 안 있다 죽이고 그러면 또 하나 들여놓고 이런 식의 어둠의 행진은 별로 바람직스럽지 않은 광경이다. 마치 찻집에 온 손님들에게 죽치고 있지 말라고 눈치주어서 앉기가 무섭게

나가고 그러면 또 다른 손님이 들어오고 해서 테이블이 계속 순환되면 떼돈을 벌 거라고 생각하지만 그것은 단견이다. 그 박정함에 질려서 어느 날 손님이 끊겨 버릴 것이다. 단골 손님을 만들지 못하기 때문이다.

내가 꽃집 주인이라면 화초를 잘 키울 수 있게끔 조언도 해주고, 문제가 생겼다고 하면 애프터서비스도 해주어서 화초 기르는 맛에 푹 빠지게 할 것이다. 그렇게 화초 좋아하는 사람이 하나둘씩 늘어나면 계속 '사고 또 사고'의 신나는 행진이 만들어질 것이다. 덩달아 화분 가게도 번창할 것이고 흙 만드는 공장의 기계도 잘 돌아갈 것이다. 바빠서 집안의 식물을 잘 돌보지 못하는 사람을 위한 돌봄 서비스 사업도 만들어질 수 있다. 요즘 말로 하면 새로운 직업군의 창출, 블루 오션의 발견이다.

그뿐인가. 화초에 대한 관심에서 나무에 대한 관심으로 뻗어 나간 사람, 나무에서 숲 지킴이로, 다시 백두대간 지킴이까지 새로 자기 일을 발견해 내는 사람들이 우리 강산을 녹화시킬 수 있을 테니 길게 볼 일이다.

친구들의 원탁회의

모두 다 좋은 게 어디 있어?
한쪽이 차면 다른 한쪽은 기울기 마련이지.

아침에 집에서 나오면서 혼잣말로 "이대로 그냥 살아야 하나" 중얼거렸다. 그 사이 베란다 식물들이 많아져서 더 큰 곳으로 이사를 가야 할 것 같기도 하고, 어디에서 이만한 조건을 만들 수 있을까 싶을 때는 그냥 눌러앉아야 할 것 같았다. 이 친구들을 데불고 이사를 하는 일 자체도 엄두가 안 나고. 이사를 가도 얘네들 때문이고, 못 가도 얘네들 때문인 이상한 질곡에 빠졌다.

나중에 들으니 내가 나가고 나서 곧 중구난방, 야단법석, 난상토론의 원탁회의가 열렸다 한다. 베란다 생활 경력에서 최고참인 하울티아가 좌장이었다. 그 친구들은 다정

스럽게 부를 때는 나를 '울 언니', 보통은 그냥 '언니' 라고 부른다.

하울티아: 다들 집중. 오늘따라 울 언니가 집 문제로 고민이 많아 보여요. 이사 가는 게 좋은지 어떤지 우리 의견을 모아 봅시다.

미즈 김 라일락: 근 십 년 살았으면 오래 죽친 거지. 뭐 나올 거 있다고 이 아파트를 고집하는지 몰라. 자기 집도 아니면서.

너도 반골? 자스민: 직장이 가까워 편해서 그렇지. 그리고 여태까지 살았는데 거지반 자기 집 아닌가. 인간들이 참 웃겨요. 살기 편한 곳이 초점이 아니라 돈 벌 수단으로 생각한다니까. 언니도 소신을 갖고 내집 마련 타령 그만 좀 하면 좋겠구만. 화분이 우리 집이냐? 때 되면 바뀌는 거고 우리가 언제 집문서 땅문서 따지냐고.

종오품 바이올렛: 언니네 집 얘기는 관두고 우리들을 생각해 보십시다. 지금 베란다가 갈수록 비좁아진다는 건 다 인정하시지요? 저희들 입장에서는 넓은 데 가서 햇빛 좀 원없이 쬐고 살았으면 합니다만.

미즈 김: 거기, 한가한 소리 작작 하셔. 난 이 자리에 붙박혀 안스리움(오물이) 등짝만 보고 있은 지가 벌써 아홉 달 반이야. 지겨워. 딴 데로 이사 안 가도 좋으니 자리나 좀 바꿔 주면 좋겠네. 로즈마리 좀 보세요. 울 언니가 한눈에 볼 수 있어서 물도 안 떨어져, 바람 잘 통해, 햇빛 잘 들어와, 상석 차지가 따로 없어요.

오물이 안스리움: 그럼 어떡하냐, 그 자리 안 주면 골골할 텐데. 오죽하면 울 언니가 '니가 나냐?'라고 이름을 붙였겠냐. 잘 견디는 애들이 좀 양보해야지. 예전 자리에서 로즈마리가 시들시들하다가 결국 삭발투혼 처방 받았잖아. 이제 가까스로 회복하는 중이라 울 언니가 얼마나 안도하니? 쓰다듬는 것도 자제하잖아. 그리고 미즈 김, 우리 처음 눈 맞았을 때는 등바라기만 할 수 있어도 행복하다고 하지 않았어? 이만큼 함께 있은 세월이면 정 붙을 만도 하고만.

미즈 김: 내가 언제? 꿈 깨셔. 나는 아무데도 정 안 줘. 그게 얼마나 치명적인 약점인데.

나름 단심 고무나무: 얘네들 또 시작했군. 이젠 본격적으로 사귀냐?

(동시에)

미즈 김: 뭐?

오물이: 네.

하울티아: 그 문제는 둘이 해결하세요. 4주 드리지요.

나름 단심: 그나저나 우리 언니 참 무지 까탈스런 약골이야. 봐라, 먼지 날리면 재채기하지, 좀 서늘해진다 싶으면 콧물 흘리지, 더우면 머리 아프다 그러지, 건조하면 얼굴이며 종아리며 허옇게 일어나지, 황사철엔 몸살 앓지. 멀티 환경 센서가 따로 없잖아.

무늬호야: 울 언니나 로즈마리가 까다로워서가 아니라 섬세해서 그런 거야. 그러니 약한 사람도 이해하고 그러는 거지.

나름 단심: 우리는 둔한 과라는 얘기네.

무늬호야: 내 얘긴 그게 아니라 워낙 강인하게 타고날 수도 있고 허약할 수도 있다는 얘긴데…….

나름 단심: 내가 처음부터 강한 줄 알아요? 겨울에 동해 안 입으려고 제자리뛰기를 얼마나 했는지 모르죠? 무지 노력했다고요. 로즈마리 가까이 있다고 편들고 있어.

니가 나냐? 로즈마리: 죄송합니다. 저도 이 자리에 눌러붙어 있는 게 맘 편한 것만은 아니에요. 저 때문에 말다

툼하시지 말고요, 언니한테 얘기해서 돌아가면서 이 자리에 오시면 좋을 것 같아요.

하울티아: 얘기가 삼천포로 빠졌네요. 논점 이탈입니다. 지금 문제는 화분 자리 하나하나가 아니고 베란다 정원 자체예요. 더 크게는 이사하는 게 좋으냐 아니냐 하는 거예요. 원안으로 돌아갑시다. 거기 조는 친구, 일어나세요.

종오품: 언니가 꽃 피는 애들 위주로 좋은 자리 배치하다 보니 저희도 지금은 룰루랄라지만 언제까지 갈지 불안해요. 우리가 사력을 다해서 오래 꽃대를 올리는 것도 그 때문이라고요. 더 크고 밝은 곳으로 가면 모두 다 좋아질 텐데.

미즈 김: 모두 다 좋은 게 어디 있어? 한쪽이 차면 다른 한쪽은 기울기 마련이지, 이 싹퉁바가지야.

종오품: 아니 왜 소리를 질러요? 귀 안 먹었어요.

라푼첼 엘레강스: 품위 좀 지키세요. 누가 듣겠어요.

하울티아: 이사 가자는 건지 아닌지 확실히 의견들을 내주세요.

문서향 목향: 이사 갔으면 합니다. 한 해 한 달이 다르

게 몸집들이 불어나서 자꾸 서로 거치적거립니다. 서로 부대껴야 정든다는 말도 다 없이 살던 옛날 말인 것 같습니다.

너도 반골?: 저도 이사 쪽에 찬성이요. 자꾸 움직이고 변화를 가져야지 안주하면 안 돼요.

오물이: 난 그래도 여기에 많이 익숙해졌는데. 이사 가면 갑작스런 환경 변화로 몸살 앓고 병나는 애들도 생길지 모르는데 그냥 살면 안 될까요?

미즈 김: 컴퓨터 책상 위에서 맨날 공부하는 시늉하는 덴파레, 니가 좀 말해 봐.

척 덴파레: 케세라 세라.

미즈 김: 뭐라고? 알아듣게 말해 봐.

척: 될 것은 될 것이다, 안 될 것은 안 될 것이다, 그런 뜻이에요. 우리가 어떡하겠어요? 울 언니가 결정하겠지요.

미즈 김: 내 그럴 줄 알았어. 걔는 공부한 게 아니라 테레비만 본 거야. 너 이름 바꿔, 테순이로.

나름 단심: 이사 가냐 마냐 그 문제 이전에 정리정돈부터 좀 하면 어때요?

하울티아: 무슨 말씀인지?

나름 단심: 비좁은 데서 다같이 고생하느니 대대적으로 입양보내자고요. 희망자들이 먼저 나서고 안 되면 짠밥순으로 남기고 나머지는…….

너도 반골?: 여기가 군대냐? 그리고 짠밥이 뭐냐, 잔반이다.

미즈 김: 가겠다고 손드는 애 없어?

너도 반골?: 우리가 손이 어딨어?

오물이: 그만 좀 해. 이젠 핵심으로 들어가자. 울 언니가 어디 쉽게 입양 보내든? 벌레 잘 잡아 줄지, 세심하게 보살필지 구두시험 보잖아. 지난번 보니까 언니 친구한테 한 녀석 들려보내는 줄 알고 덜컹했었는데 그냥 빈손으로 보내더라.

너도 반골?: 딴 데로 가고 싶으면 의사 표시를 분명히 해. 나중에 딴소리 말고.

소인 국화: 나는 정원으로 갔으면.

기도 개운죽: 좀 섭섭하다. 난 네가 못 일어나는 줄 알고 백일기도까지 했는데 다른 데로 가고 싶다니. 지난번에 대대적인 수술 끝에 끝내 가버린 도화동생 나는 아직 잊지 못하는데.

미즈 김: 들어온 자리는 없어도 난 자리는 있다니까 헐렁해지겠네.

심비디움 · 긴기아난 · 풍란 · 호접란 등 난 종류: (이구동성으로) 난 자리요? 우리 자리까지 배려해 주시다니, 감사해라. 좀 추워야 꽃눈이 생길 텐데 올 봄에 꽃 못 피워서 우리 많이 속상했어요. 언니가 베란다에 온도계 놓고 한겨울에도 영상 10도 아래로 안 떨어지게 하니 어떻게 해요. 우리 같은 소수자는 견디기 힘들어요.

라푼첼: 웬 우이독경에 동문서답을 저리 심하게 한다냐. 단체로 맛이 갔네.

미즈 김: 야 너네 그때만이라도 빠져라. 우리 좀 넉넉하게 살게. 하울티아, 언니한테 말해서 겨울에 재네들 어디로 보내 버리자고 해요.

나름 단심: 얘가 얘가, 하나는 알고 둘은 모르네. 걔네들 다시 들어올 봄엔 어떻게 할라고? 다시 부대끼게 되면 훨씬 더 힘들어진다는 거 몰라.

라푼첼: 지난번에 왔던 울 언니 친구 있잖아. 웃겼어. 우리보고 뭐라 그러더라. 화원하다가 망했는데 그렇다고 버리기는 아까워서 이것저것 다 들여놓은 것 같다고?

척: 테레비에 길거리에서 떠돌고 있던 버려진 개나 고양이 데려다 키우는 할머니들 가끔 나오잖아. 집안은 쑥대밭이고.

너도 반골?: 야 사실 우리 몰골이 좀 그런 점도 있잖냐. 핵심을 꼭 짚었구만.

나름 단심: '만복이 넝쿨째' 이야기를 알고 있는 어떤 사람은 "이거 다 얻어 온 거예요?" 그러고, 또 다른 사람은 "그래도 하나하나 뜯어보면 다 예쁘네" 그러던데요.

너도 반골?: 그게 다 무슨 말이겠니? 전체적으로 어수선하다는 거 아니겠어?

라푼첼: 무슨 말이 그래? 옷이 날개라고 내가 럭셔리하고 폼나는 넓은 베란다에 있어 봐, 그런 말이 나오나. 못생긴 애들 때문에 도매금으로 넘어가요.

척: 라푼첼, 너도 어지럽게 하는 데 일조하고 있어. 아무리 봐도 우리 중에 스타는 없어. 주제들을 알아야지. 입양 가더라도 별로 환영받지 못할 텐데.

문서향: 내가 지켜보니까 우리 구경하면서 사람들이 하는 말에 코스가 있어. 처음엔 "와, 되게 많다"고 하고 그 다음엔 "물주기 힘들겠다." 디저트로 "내가 데려가 키울까"

하는 사람은 별로 없어.

오물이: 아니야, 지금까지 몇몇이 입양 갔지만 다들 잘 지내고 있대. 근데 공간이 좀 여유가 생길 만하면 울 언니가 또 다른 친구들을 데려오니까 항상 이 정도로 많은 거지.

노란 카라: 저는 온 지 얼마 안 돼서 잘 모르겠는데요. 좀 부대끼기는 해도 새 친구도 많이 만나서 나름 재미있는데. 난 여기 완전 소중.

무늬호야: 몇 년 지내보니까 파리 모기도 거의 없고 이 정도면 괜찮은 환경인데.

미즈 김: 넌 참 긍정적인 애구나.

너도 반골?: 애라니? 완전 정체성 혼란이네. 우린 사람이 아냐. 그건 네버 엔딩 동백 하나로 족해.

나름 단심: 이건 또 무슨 소리야?

네버 엔딩 동백: 미안해요. 그렇지만 나는 더 속상해요. 난 아직 내가 누군지 모르겠어요. 동백인 줄만 알았는데 지난번에 언니 엄마가 오셔서 아니래요. 동백엔 가시가 없대요. 유자가 아닐까 짐작하시던데요.

라푼첼: 참 사연 많은 곳이에요.

하울티아: 오래 이야기를 나누어 보았지만 의견이 모아지지 않네요. 어떻게 할까요? 소인국화 말고는 아직까지 이렇다 할 지원자가 없습니다. 남들이 좀 빠져주면 좋을 텐데 스스로 가기는 어렵다는 생각을 많이 하고 있는 듯해요. 좀 더 시간을 가져 볼까요? 이사 문제까지 포함해서요.

문서향: 사실 이 문제는 구조적이고 거시적인 차원에서 논의해야 한다고 봅니다. 한국 사회가 주택 정책을 잘 해서 언니 같은 무주택자에게도 싼 값에 집을 마련할 수 있는 기회를 주는 방향으로 움직인다면 우리들의 이사는 불가피할 거고요, 계속 말도 안 되는 상황이 지속된다면 이사는 가고 싶어도 못 갈 거예요. 언니 집 문제와 우리의 운명이 연동되어 있다는 얘기지요.

팔복이 개운죽: 참고로 내가 보기에 울 언니 재물 운이 터질 때가 다 됐거든. 조금만 기다려 보지요.

나름 단심: 너 그런 거 믿냐?

팔복이: 응 믿어.

나름 단심: 다들 운 열리라고 언니 친구들이 합동으로 개운죽 샀다며?

팔복이: 그중 한 명은 진짜 운 터졌어. 이참에 정규 직

원 됐대.

나름 단심: 울 언니 소원이 뭐래?

팔복이: 할 일 끊어지지 않고, 병원 단골 안 하고, 엄마 오래 사시고, 사랑하는 사람들 주변에 많고, 근사한 집 하나 생기고, 또 뭐더라. 우리들 이야기도 있었던 것 같기도 하고.

미즈 김: 우리랑 평생 가는 것도 포함된대?

척: 그걸 어떻게 알아. 팔복이가 자기 운을 알면 내 손에 장을 지진다.

하울티아: 자, 그만그만. 지금까지 충분하지는 않지만 장시간 의견들을 나누었습니다. 결론은 없지만 서로의 입장을 좀더 알게 되었으니 공론은 아니었다 자부합니다. 여러 상황적 요인들을 좀더 지켜보면서 우리의 입장들을 진지하게 모색해 가는 과정의 출발점으로 삼으면 좋겠군요. 이후에도 각자 숙고하시고 소그룹별로도 의견 교환을 하리라고 믿어도 되겠지요?

막을 내리며

지금까지 읽어 주신 모든 분들께 드리는 편지

자신과의 대화는 성찰이 되고
타인과의 대화는 토론이 되고
이방인과의 대화는 소통 수단이 됩니다.

철학이 어렵다고 합니다.
저도 좀 그런 것 같습니다.
조금 해볼 만하다가도 모르는 게 더 많아져서
하나 얻고 두 개 잃는 것 같을 때 참 힘듭니다.

철학과 나오면 밥 벌어먹겠냐고 합니다.
그런데 밥은 먹고 삽니다.
게다가 단군 이래 최대 호황이라는
논술 태풍 시대를 만나
태평가를 부르는 사람들도 간혹 있는 것 같습니다.

철학이 세상에 도움이 되겠냐고 합니다.
그건 분명하다고 생각합니다.
삶의 자원이 풍부한 사람에게는 삶의 의미를 묻고
삶의 목적만 있는 사람에게는 수단을 궁리하게 해주니까요.

제가 보기에 철학은
우리의 의식을 조형하는 작업입니다.
깎고, 다듬고, 부수고, 다시 틀을 짜서
새로운 나를 만들어 가는 사건들의 사슬입니다.
남에게는 잘 안 보이고
스스로 안일한 사람에게는 일어나지 않는 그런 사건들 말입니다.

철학은
사람이 하는 일이고
사람을 위해서 하는 일이고
사람들 사이에 다리를 놓고자 하는 일입니다.
저는 철학함을 통해 내가 새로워지면 우리 사회도, 나

라도, 우주도 새로워진다고 생각합니다.

그러니 이제는 세상이 철학하는 사람들에게 좀 도움이 되었으면 합니다.

철학적 사유의 과정으로서 새로운 개념화나 의미화, 논증의 구성 과정이 쉬울 수는 없습니다. 책 한 권을 알 수 없는 추상적 개념들과 단어들로 채운 것처럼 보일 때도 많습니다. '미 자체'와 우리 주변의 아름다운 것들 사이를 연결해서 생각해 보기는 힘듭니다.

그것들을 비판적으로 독해하려면
내 것으로 체화하려면
땅에서 하늘을 보려면
철학하는 방법으로 대화만한 게 없는 것 같습니다.

자신과의 대화는 성찰이 되고
타인과의 대화는 토론이 되고
이방인과의 대화는 소통 수단이 됩니다.

저는

철학의 언어가 일상 세계에 처해 있으면 좋다고 봅니다.

철학 전공자가 아니더라도 철학 책을 손쉽게 가방 안에서 꺼내어 읽게 되었으면 좋겠습니다.

그래서 이런 방식의 글쓰기를 시도해 보았습니다.

즉 철학적 에세이지요.

영화 한 편 볼 돈으로
영화 한 편 볼 시간 안에
영화 한 편에 깃든 메시지를 전할 수 있다면,

찻집에서 혼자서도 좋고
동무와 삼삼오오 모여서도 좋고
자유롭고 편한 자세로
읽고 얘기 나눌 수 있다면,

혹은
식탁 위에서건
지하철 안에서건

여행길에서건간에요.

한 손에 딱 들어오는
작은 책 한 권에서
뭔가가 내 마음 안으로 걸어 들어오는
그런 사건.

쓱 읽고
씩 웃을 수 있고
쏙 스며드는 그런 글.

썩 어렵지 않고
싹 잊히지 않아
쑥 자랄 수 있으면 더욱 좋고요.

식물 이야기가 많이 나오지만
식물은 하나의 매개자 역할을 한 것입니다.
철학적 사유로 안내하는 길잡이였던 셈이지요.
핵심은 생명들과 더불어 나눈 대화니까

자녀 보살피는 분들이
평생의 반려 동물과 함께하는 분들이
학생 가르치는 분들이
후배 키우는 분들이
차세대 육성하는 분들이
서로 키우고 또 함께 커간 경험이라며
끄덕끄덕할 수 있는
그런 내용이었으면 했어요.

요즘은 집이건 일터건 학교건 화분은 몇 개씩 있잖아요?
화초 이름지어 서로 자랑해 보실래요?
이름지은 귀한 인연으로 사랑의 철학 만들어 보실래요?

2008년 봄날
윤혜린 드림